LIVRE D'OR DU FOOTBALL 2014

Direction éditoriale : Jean-Louis Hocq
Éditeur : Benoît Bontout
Création graphique et couverture : Thierry Sestier
Réalisation : Graph'M
Fabrication : Emmanuelle Laine

ISBN : 978-2-263-06615-3
Code éditeur : S06615
Dépôt légal : août 2014

Imprimé en France par Loire Offset Titoulet

Retrouvez-nous sur www.solar.fr

Solar | un département **place des éditeurs**

place
des
éditeurs

FABRICE JOUHAUD
GÉRARD EJNÈS

LIVRE D'OR DU FOOTBALL 2014

SOLAR
EDITIONS

PROGRESSO

LIVRE D'OR DU **FOOTBALL** 2014

SOMMAIRE

> SÉLECTIONS ET ÉQUIPE DE FRANCE

> COUPES ET CHAMPIONNAT DE FRANCE

> COUPES ET CHAMPIONNATS D'EUROPE

2014 FIFA World
FIFA WORLD CUP
Brasil
RUSSIA
2014 FIFA WO
REUS
21
CHAM
2014 FIFA W

Champions
FIFA WORLD CUP
Brasil
CUP BRAZI
2018 FIF
FIFA
WORLD CHAMPIONS
2014

Sélections et équipe de

FRANCE

PLANÈTE POGBA AND CO

Au cœur de l'été, alors que l'équipe de France a semé beaucoup de doutes, des gamins de 20 ans font souffler une brise bleue légère et délicieuse. Dans la foulée du capitaine Paul Pogba, ils deviennent champions du monde, une grande première dans cette catégorie d'âge.

Des sifflets ? Oui, il y en a. Mais ils ne les entendent plus. En huitièmes de finale, ils ont éliminé la Turquie sur son sol (4-1), alors évidemment… Et puis, pour des raisons extrasportives, ici la France n'est pas en odeur de sainteté. Mais ils s'en moquent. Agglutinés les uns sur les autres, ils transforment la nuit d'Istanbul en soleil.

Champions du monde ! Ils s'appellent Pogba, Kondogbia, Thauvin, Areola, Digne, Zouma, Umtiti ou Sanogo. Ils sont un merveilleux présent, mais aussi, pour certains d'entre eux, un avenir doré. « J'espère que notre génération pourra faire quelque chose », dira le néo-Parisien Lucas Digne.

Un titre mondial, c'est tout sauf banal. Jamais une équipe française des moins de 20 ans n'avait décroché cette timbale. Et une seule parmi les sélections de jeunes était auparavant parvenue sur le toit du monde, celle des moins de 17 ans en 2001, avec en fers de lance Le Tallec et Sinama-Pongolle.

Eux sont plus âgés et voient plus loin. Leur conquête est un viatique. Ils reviennent de si loin. D'un premier tour franchement raté avec une défaite contre l'Espagne (1-2), un match nul contre les États-Unis (1-1) et un succès sur le Ghana (3-1).

En huitièmes ils se sont donc baladés. En quarts, ils ont voltigé contre l'Ouzbékistan (4-0). En demies, ils se sont arrachés contre le Ghana (2-1, deux buts de Thauvin). Yaya Sanogo, nouvel atta-

Pogba, premier tireur.

Les U20 au septième ciel.

quant d'Arsenal, a déjà inscrit quatre buts dans le tournoi et veut maintenant « marquer l'histoire ». Pour cela, en finale, il va falloir se coltiner l'Uruguay, dont le grand fait d'armes est d'avoir sorti l'Espagne, favori du tournoi, en quarts (1-0, après prolongations), avant de se débarrasser de l'Irak (1-1, 7 tirs au but à 6).

L'Uruguay est une araignée qui tisse sa toile sans états d'âme. Sous les yeux de Didier Deschamps, les jeunes pousses bleues sont embarquées dans un combat sans relief et bien peu spectaculaire. Les Américains du Sud jouent derrière. Les Français tournent en rond. Une grosse occasion sauvée par le gardien Areola (66e), deux autres un peu moins nettes pour Veretout (85e) et Bosetti (86e), c'est peu et c'est tout. La prolongation est une souffrance. L'Uruguay a posé ses pattes sur la rencontre. La perspective des tirs au but est un refuge.

« Quelques-uns sont arrivés avant la séance ultime et m'ont dit : "Non, non, je ne tire pas de penalty. Les joueurs se sont désignés eux-mêmes", racontera leur entraîneur Pierre Mankowski. Thauvin fait partie des craintifs, ne s'estimant pas « suffisamment lucide ».

« Juste avant d'y aller, j'ai dit aux mecs de mettre leurs tirs au but. Moi, j'allais faire le travail », expliquera Areola. Ses deux arrêts sont un butin. À l'instar de leur capitaine Paul Pogba, premier tireur, Veretout, Ngando et Foulquier font mouche. Ce carré magique envoie les Bleuets au paradis.

« Ils se sont battus jusqu'au bout. Ils ont fini carbonisés, mais ils avaient encore la force pour frapper les tirs au but », s'extasie Willy Sagnol, responsable des sélections.

Désigné meilleur joueur de la finale et du tournoi, Paul Pogba est aux anges : « Il n'y a pas de mots. On est fiers de nous. On va rester dans l'histoire et génération après génération on va parler de nous. » Ce que Thauvin résume en une phrase : « Maintenant, sur mon CV, il y a écrit "champion du monde". »

UN RETOUR D'ENFER

Mal embarqués dans leur saison et longtemps menacés de rater le Mondial brésilien, les Bleus de Didier Deschamps ont sorti la tête de l'eau lors d'un monumental match retour de barrages contre l'Ukraine, quatre jours seulement après un match aller misérable et déprimant.

Le principal mérite du Belgique-France (0-0) qui ouvre la saison internationale est de relancer Abidal, le néo-Monégasque, et Nasri, lequel n'a plus fréquenté les Bleus depuis ses frasques de l'Euro 2012. Le joueur de Manchester présente des excuses publiques. Didier Deschamps parle d'un « très bon match pour un mois d'août ». Il regrette simplement l'inefficacité de ses attaquants. Cela fait maintenant 1 155 minutes que Benzema n'a plus marqué en sélection.

Dans un groupe où l'Espagne impose sa loi, la route du Mondial passe maintenant par la Géorgie (sans Matuidi et Pogba suspendus) et la Biélorussie. À Tbilissi, Benzema et Giroud ont beau cohabiter, l'issue est la même qu'à Bruxelles (0-0). C'est la cinquième fois de suite que les Bleus ne marquent pas de but, record historique et négatif. Giroud a raté une énorme occasion sur le tard (91e). Ribéry évoque « une déception légitime car on a beaucoup donné ». Deschamps est mi-chèvre mi-chou : « Durant la première heure, nous avons eu énormément d'occasions. On doit faire plus. Ce n'est pas un bon résultat. Mais je ne suis pas inquiet. Un match nous attend dans quatre jours. »

À Gomel, Giroud est seul en pointe et Benzema sur le banc. Il paye son mutisme. La première mi-temps est l'une des plus catastrophiques jamais jouées par l'équipe de France. Filipenko ouvre le score sur une énorme erreur de Lloris (32e). Et si Ribéry égalise sur penalty après la reprise (47e), mettant fin à une période de 526 minutes sans but pour les Bleus, une nouvelle erreur du gardien de Tottenham permet à Kalatchev (57e) de redonner l'avantage aux siens.

EVRA SONNE LA RÉVOLTE

Heureusement, la dernière demi-heure est d'un autre calibre. Ribéry (64e), Nasri (70e) et Pogba (73e) évitent la catastrophe (4-2). « On s'est mis en difficulté, j'en suis le premier responsable », assume Lloris, malade la nuit précédente. « On a été costauds mentalement », souligne Ribéry. « Si je vous dis que je n'ai pas eu peur, vous n'allez pas me croire, concède Deschamps. Je n'occulte pas les problèmes rencontrés. » Et Valbuena raconte : « À la mi-temps, on a senti un grand abattement. Dans le vestiaire, il y avait un grand silence. Et il y a eu ce message de Patrice Evra. Ça nous a reboostés. » Il aurait donc suffi de quelques mots du très décrié défenseur de Manchester, remplaçant ce soir-là, pour relancer la machine.

Quasiment assurés d'être barragistes, les Français doivent encore affronter la Finlande. Pour s'y préparer, ils explosent une très faible Australie au Parc des Princes (6-0). « On a tous envie de voir l'équipe

À Kiev, Giroud
et les Bleus dans la tourmente.

SAKHO le héros

L'expulsion du défenseur Koscielny à Kiev contre l'Ukraine va se transformer en coup de chance pour les Bleus. Pour le remplacer quatre jours plus tard, Deschamps choisit Mamadou Sakho. Le défenseur de Liverpool se veut rassurant: «On a tiré les conclusions du match aller. On ne va pas en parler pendant cent ans.» L'ex-Parisien va brandir l'étendard de la révolte et inscrire deux buts décisifs. «Ce n'est que du bonheur, lance-t-il une fois la qualification acquise. Je me disais que ce n'était pas possible de sortir un match comme ça à Kiev, comme si on avait joué seulement un match amical. Quand le coach m'a dit que je jouerais, je me suis dit: "On va au Brésil, peu importe la manière." C'était clair qu'on irait. On a réussi à marquer l'histoire. C'est beau, c'est fort, c'est extraordinaire pour tout un peuple.» En guise de récompense pour son coup d'éclat, Deschamps le nommera capitaine des Bleus pour le match amical d'avant-Mondial contre la Norvège.

de France mieux jouer, mieux se comporter sur le terrain, donner du plaisir », avait déclaré Zinedine Zidane avant la rencontre. Il est servi. Ribéry (8e sur penalty), Giroud (16e et 27e), Cabaye (29e) et Debuchy (47e) ont marqué, avant que Benzema (60e), entré en jeu à la reprise, ne mette enfin un terme à une série personnelle d'inefficacité de 1 222 minutes.

« Ce n'est pas anodin de marquer 6 buts, déclare Deschamps, mais je n'ai rien appris de nouveau. » Du coup, *L'Équipe* peut titrer : « Ravi de vous revoir » avant le match contre la Finlande. Avec Nasri en meneur de jeu et Valbuena sur la droite, la France s'impose sans trembler (3-0). Ribéry ouvre le score d'une énorme frappe sous la barre (8e), mais il faut tout de même attendre le dernier quart d'heure pour que le maladroit Toivio donne de l'air aux Bleus en marquant contre son camp (76e), avant un dernier but de Benzema (87e), entré en jeu six minutes plus tôt.

LE DÉSASTRE DE KIEV

Comme l'Espagne a battu la Géorgie (2-0), il faudra donc passer par les barrages pour découvrir le Brésil. « L'équipe de France est à sa place », tranche Lloris. Mais Deschamps a tout de même des regrets : « C'est rageant de rater le statut de tête de série pour un petit point UEFA. On est pénalisés sur le plan de l'équité car, dans notre groupe de cinq, nous avons disputé moins de matchs que nos rivaux. »

Le sélectionneur aimerait bien éviter le Portugal. Il se serait bien passé également des déclarations d'Evra, qui, la veille du tirage au sort, s'en prend aux principaux consultants télé (Courbis, Fernandez, Ménès, Lizarazu) en des termes peu amènes. « C'est pas ces clochards qui vont salir mon image », déclare-t-il notamment. Il échappera à toute sanction et la France échappera à Ronaldo pour tomber sur l'Ukraine, une équipe invaincue depuis onze matchs (9 victoires, 2 nuls). C'est malgré tout le soulagement qui l'emporte. « Il ne faut pas qu'on bascule dans le sentiment d'être déjà qualifiés, rappelle Deschamps. Et pas question d'aller en Ukraine avec un esprit minimaliste. »

Ribéry, qui rêve encore au Ballon d'or, est à bloc : « Je suis vraiment au sommet. C'est vraiment mon année », lance-t-il. Ça ne se verra pas trop à Kiev. « Après avoir visionné trois matchs de l'Ukraine, je peux vous dire que ce sera très compliqué pour les Bleus », avait prévenu le néo-consultant Frédéric Antonetti.

Mais personne n'imaginait que ça le serait à ce point. Abidal (que l'on ne reverra plus ensuite sous le maillot bleu) et Nasri sont défaillants. Et Ribéry très en dedans. La France passe au travers de son match et finit par craquer (2-0) devant Edmar (67e) et Yarmolenko (82e sur penalty). Comme si cela ne suffisait pas, Koscielny est expulsé (90e+1) pour avoir bousculé Kucher, qui prendra lui aussi un carton rouge (90e+5).

Deschamps est dans les cordes : « C'est dur, avoue-t-il. Mais on va tout faire pour aller chercher la qualification, même si l'Ukraine est en position favorable. » « On est capables de renverser la situation. Ça passe par un match quasi parfait mardi », déclare Lloris. Durant ces fameux quatre jours, la tension est à son maximum. Tandis que les médias, consultants en tête, pilonnent les Bleus, le président Le Graët les secoue : « Vous manquez de fierté, leur lance-t-il. Vous faites semblant de bien vivre ensemble. » « On est prêts à mourir sur le terrain », jure Giroud.

LLORIS : « UN MOMENT HISTORIQUE »

Dans un Stade de France soudé derrière eux et enthousiaste comme jamais, les Bleus, avec Sakho et Varane en défense centrale, font le match que personne n'espérait plus. Habités d'un esprit nouveau, ils prennent les Ukrainiens à la gorge. Au bout d'un coup franc de Valbuena cafouillé par la défense adverse, l'ancien défenseur du PSG ouvre le score (22e). Et si Benzema se voit refuser un but pour un hors-jeu inexistant (30e), il s'en voit accorder un autre incontestablement hors jeu un peu plus tard (34e).

Les Bleus ont recollé et l'expulsion du défenseur ukrainien Khacheridi en début de seconde période (47e) est un atout supplémentaire qu'ils ne galvaudent pas. C'est encore Sakho, imitant Thuram et ses deux buts du France-Croatie 1998, qui marque de la cuisse (72e) le but décisif qui met tout le pays sens dessus dessous (13,5 millions de téléspectateurs). Ribéry (81e) et Giroud (86e) manquent le break, obligeant leurs équipiers à trembler jusqu'à la délivrance et ces instants magiques d'euphorie sur la pelouse et dans les tribunes.

« C'est quelque chose de fabuleux, se réjouit Deschamps. Je n'avais pas de doutes sur l'état d'esprit de l'équipe. » « C'est un moment historique », estime le pourtant mesuré Lloris. Comme un bonheur n'arrive jamais seul, Deschamps reviendra du tirage au sort de la phase finale avec la Suisse, l'Équateur et le Honduras dans son panier. Difficile de faire mieux.

Trois mois plus tard, les Bleus confirment leur nouvel allant en dominant les Pays-Bas, alors invaincus depuis près de deux ans. Une superbe frappe de Benzema sur une ouverture de Matuidi (32e) et une non moins superbe reprise acrobatique de Matuidi servi par Valbuena (41e) font la différence. Antoine Griezmann, la perle de la Real Sociedad, a effectué ses débuts, tout comme le défenseur parisien Lucas Digne.

« Emballez-vous, mais pas trop quand même, tempère Deschamps. Les joueurs ont déclenché une forte attente et ils ont confirmé. C'est bien, mais ça ne va pas nous faire passer d'outsider à favori de la Coupe du monde. »

Pour annoncer une liste sans surprise – Nasri en est évidemment absent –, le sélectionneur choisit la méthode douce. Les 23 sont identifiés et 7 « réservistes » les accompagneront jusqu'au lendemain du match amical contre la Norvège. Parmi ceux-ci, Stéphane Ruffier, qui change très vite de statut. Après le forfait du Marseillais Mandanda, blessé lors de la dernière journée de Ligue 1, le Stéphanois devient officiellement la doublure de Lloris.

Qualifiés, les Bleus communient avec le public du Stade de France.

RIBÉRY JETTE L'ÉPONGE

Ruffier est titulaire lors du premier match d'un ultime triptyque de préparation. Griezmann également, car Ribéry souffre d'une lombalgie récurrente.

Au Stade de France, les Bleus s'amusent avec la Norvège (4-0). Une tête de Pogba en première mi-temps, un doublé de Giroud et un but de Rémy en seconde régalent les 78 000 spectateurs. Le « réserviste » Cabella est entré en jeu à la 80e minute.

Deschamps est prudent : « Cela ne nous donne pas de garanties sur la vérité qui nous attend le 15 juin. »

Cinq jours plus tard, à Nice, sous la pluie et toujours sans Ribéry, le Paraguay a plus le profil du Honduras, premier adversaire des Français au Brésil. Entré en cours de jeu à la place de Rémy (64e), Griezmann ouvre le score (82e). Mais Caceres égalise de la tête (89e, 1-1). Sakho se dit « un peu frustré par le résultat ». Deschamps ne fait pas le difficile : « On est dans la continuité. Je suis très satisfait de ce que l'on a fait, mais on ne s'emballe pas. »

Il reste un match à disputer contre la Jamaïque et il est précédé par un double forfait. Grenier se blesse aux adducteurs et, le lendemain, le test de reprise de Ribéry est négatif. Le dos en vrac, le leader d'attaque des Bleus est contraint de se retirer. Cabella et le milieu de Southampton Schneiderlin profitent de ce qui constitue pour eux une aubaine.

Deux jours plus tard, à Lille, avec un flamboyant Benzema à la baguette, les Bleus atomisent les Reggae Boys (8-0, doublés de Benzema, Matuidi et Griezmann, Cabaye, Giroud). Deschamps s'oblige à la prudence : « C'est une bonne soirée pour faire le plein de confiance, sans excès. »

N'empêche, le lendemain, c'est le cœur léger que les Français s'envolent pour la grande aventure.

LES 23 MONDIALISTES

GARDIENS
Hugo Lloris, Stéphane Ruffier, Mickaël Landreau
DÉFENSEURS
Mathieu Debuchy, Lucas Digne, Patrice Evra, Laurent Koscielny, Eliaquim Mangala, Bacary Sagna, Mamadou Sakho, Raphaël Varane
MILIEUX
Yohan Cabaye, Blaise Matuidi, Rio Mavuba, Paul Pogba, Morgan Schneiderlin, Moussa Sissoko, Mathieu Valbuena
ATTAQUANTS
Karim Benzema, Rémy Cabella, Olivier Giroud, Antoine Griezmann, Loïc Rémy

Ribéry, le forfait est proche.

Coupe du monde – Finale
7 juillet 1974, Stade Olympique, Munich

RÉPUBLIQUE FÉDÉRALE D'ALLEMAGNE-PAYS-BAS : 2-1

LE KAISER

DOMPTE L'ENCHANTEUR

Franz Beckenbauer, col en V et cheveux au vent.

Le triomphe de Johan Cruijff et de ses chevau-légers hollandais était annoncé. C'est pourtant l'Allemagne de Franz Beckenbauer qui remporta devant son public la 10e Coupe du monde de l'histoire, sa seconde après 1954.

Plus qu'attendue, cette finale de rêve était espérée. Sans Pelé, sans Gerson, sans Tostao, sans Carlos Alberto, le fabuleux Brésil de 1970 a perdu son âme et son talent. Devenu une machine défensive, il a été battu sans rémission (2-0) par les Hollandais dans le match décisif du second tour. Conduits par l'aérien Johan Cruijff, les « Orange mécaniques » semblent irrésistibles.

L'Allemagne constitue l'ultime obstacle placé sur leur route. À Munich, elle évolue chez elle. L'avantage est évident. Mais elle traîne depuis le début du tournoi l'humiliante défaite (1-0) en phase de poule contre la RDA, cette autre Allemagne qui la nargue de l'autre côté du rideau de fer.

Dans *L'Équipe*, le consultant Raymond Kopa retourne sa veste : « Au départ, j'avais donné la RFA comme premier favori. Aujourd'hui, je crois fermement que la Hollande enlèvera le titre. »

Bien sûr, l'Allemagne a été sacrée championne d'Europe en 1972. Bien sûr, le Bayern Munich vient de décrocher le titre européen. Mais l'Ajax d'Amsterdam a remporté les trois précédentes

Berti Vogts, le cauchemar de Johan Cruijff.

Coupes d'Europe des clubs champions et, s'il vient de buter sur le quadruplé, c'est aussi parce que ses stars, Cruijff et son ange gardien Neeskens, évoluent désormais à Barcelone.

Pour donner tort aux pronostiqueurs, le coach allemand Helmut Schön annonce la couleur: « Si Cruijff a si bien joué jusqu'ici, c'est parce qu'on lui a laissé trop de liberté. Nous allons lui attacher quelqu'un aux trousses. »

Beckenbauer : « l'apogée de ma carrière »

Ce quelqu'un, c'est Berti Vogts. Le pitbull de Mönchengladbach a-t-il entendu le défenseur hollandais Wim Rijsbergen affirmer: «Johan va leur bousiller leur milieu de terrain»? C'est en tout cas ce qui semble se passer d'entrée. Cruijff perfore l'arrière-garde allemande. Hoeness commet l'irréparable. Neeskens transforme le penalty en force. On joue depuis une minute, la finale semble déjà terminée.

C'est le talent du kaiser Franz Beckenbauer et des siens que de revenir très vite dans la partie. «Nous avons connu un passage à vide fatal dans la dernière demi-heure de la première mi-temps», reconnaîtra après coup l'entraîneur néerlandais Rinus Michels. Les Hollandais reculent. À la surprise générale, ils abandonnent le ballon aux Allemands. Une faute de Jansen sur Hölzenbein offre à Paul Breitner l'égalisation sur penalty (26e). Et c'est le maître artificier Gerd Müller qui inscrit le but décisif en reprenant en deux temps, et derrière lui, un centre de Rainer Bonhof (44e). Sa frappe tranchante est un coup de poignard dont les Hollandais ne se remettront pas. En seconde période, le grand Sepp Maier fait le job dans les buts allemands.

Vingt ans après le titre conquis en Suisse contre la Hongrie (3-2), l'Allemagne remporte la 10e Coupe du monde. «Jusqu'à la mi-temps, les Hollandais ont été pris à la gorge, se réjouit Schön. Après avoir marqué, nos adversaires ont peut-être commis l'erreur de croire qu'ils avaient déjà gagné.»

Dévoré par Vogts qui ne l'a pas lâché d'une semelle, Cruijff a déçu. Dans un trait d'humour, Schön dira à son chien de garde: « Tu vois, Berti, c'est dommage que Cruijff n'ait pas joué. Avec lui, notre victoire aurait été encore plus belle. »

Johan Cruijff ne gagnera jamais la Coupe du monde. L'empereur Beckenbauer, lui, peut exulter: « Avec la Coupe du monde un mois après la Coupe d'Europe, je pense avoir atteint l'apogée de ma carrière. C'est fantastique. »

LES BLEUS
DANSENT LA SAMBA

Placée par la grâce du tirage au sort dans un groupe à sa portée, l'équipe de France entre en fanfare dans le Mondial, confirmant les espoirs qu'elle a fait naître depuis six mois. Conduite par un brillant Benzema, elle renverse le Honduras et la Suisse, ce qui lui permet de finir première de sa poule et d'entretenir un fol espoir.

Même sans Ribéry, c'est l'esprit léger que les Bleus se sont envolés pour le Brésil. En six mois, ils ont retourné une tendance lourde, en même temps que l'opinion publique. Quatre ans après le désastre sud-africain, ce Mondial brésilien semble arriver au bon moment. Didier Deschamps n'écarte aucune hypothèse : « Le premier objectif légitime, c'est de sortir de la poule, dit-il. À partir des huitièmes, une autre compétition commence, mais nous n'en sommes pas encore là. » On lui parle de l'image des Bleus : « Pour avoir une belle image, il faut des résultats », répond-il. On lui parle de finale : « Il est permis de rêver », ose-t-il.

Interrogés par *L'Équipe*, un panel de trente ex-internationaux pronostiquent un quart de finale pour quatorze d'entre eux et une demi-finale pour quatorze autres. Cette équipe-là donne confiance. Et tout le monde rappelle que lorsque la France a passé le premier tour, elle a toujours atteint au moins le dernier carré.

Pour l'instant, elle va pouvoir attaquer la compétition en douceur. Le Honduras est considéré comme l'adversaire le plus faible du groupe E. La préparation a été idéale, l'ambiance est parfaite. Encore faut-il concrétiser tout cela sur le terrain. « Quand on perd un premier match, ça secoue autour », rappelle Deschamps. Son alter ego hondurien Fernando Suarez est confiant : « Depuis des mois, les Français nous ont accompagnés partout. Mentalement, on est prêts. »

À Porto Alegre, avec Griezmann sur le flanc gauche, à la place de Giroud au soutien de Benzema (« la mobilité plutôt que le combat athlétique », dira Deschamps), mais sans *Marseillaise* pour cause de panne de micro, les Bleus entrent vaillamment dans la compétition face à un rival d'une grande prudence. Matuidi sur un coup franc de Valbuena (15e) puis Griezmann de la tête sur un centre d'Evra (23e) frappent sur la transversale. Asticoté par Palacios et

> « Depuis des mois, les Français nous ont accompagnés partout. Mentalement, on est prêts.
>
> FERNANDO SUAREZ

Benzema : deux buts et une entrée en lice tonitruante face au Honduras.

Valbuena et Giroud réinventent le tandem face à la Suisse.

Espinoza, Pogba réagit vivement et s'en sort à bon compte avec un carton jaune (26e). « J'ai craint l'expulsion », reconnaîtra Deschamps après coup. La mi-temps approche quand Palacios, déjà averti, bouscule ce même Pogba dans la surface. Penalty pour la France et second carton pour le Hondurien qui doit quitter le terrain. Benzema ouvre son compteur buts (45e).

QUAND BENZEMA REJOINT ZIDANE

L'attaquant madrilène est en grande forme. La seconde période vient à peine de commencer lorsqu'à l'arrivée d'un long centre de Cabaye il croise superbement une reprise du gauche. Le ballon frappe le poteau opposé et revient sur le gardien Valladares qui marque contre son camp (48e). C'est encore Benzema qui met la France définitivement à l'abri d'une frappe en force sous la barre après qu'une reprise de Debuchy a été déviée par Evra (72e).

Pour la première fois depuis Zidane en 1998, un Bleu inscrit deux buts en Coupe du monde. La France a tiré vingt fois au but (le Honduras quatre fois) et possédé le ballon 71 % du temps. Elle a parfaitement réussi son entrée.

« C'est un excellent début, confirme Deschamps. Tout m'a plu. Bien sûr, Karim marque et il est décisif. Mais j'ai aimé notre force collective. Attention, il n'y a pas d'euphorie particulière. Il faut rester lucide. Les joueurs le sont. »

« On se met toujours des objectifs dans la tête, déclare Benzema. Là, c'était de faire un bon match collectivement, de gagner et de jouer notre football sans pression. Je suis très content et très fier de ma performance, mais le plus important, c'est la victoire. » L'attaquant vedette a désormais inscrit 23 buts sous le maillot bleu.

Evra, qui a beaucoup à se faire pardonner, choisit parfaitement ses mots : « Il faut que les Français soient fiers de nous. C'est la priorité. Qu'on aille au bout ou qu'on n'y aille pas. »

En route maintenant pour Salvador de Bahia et place à la Suisse qui a miraculeusement remporté son premier match contre l'Équateur (2-1) en marquant le but victorieux dans le temps additionnel (Seferovic, 90e +3).

LA SUISSE PREND UNE FESSÉE

Ils ont beau dominer la poule, les Bleus marchent encore sur des œufs : « L'équilibre reste fragile. Une contre-performance peut générer le grain de sable », explique le capitaine Hugo Lloris. La France et la Suisse n'ont perdu qu'un seul de leurs dix derniers matchs, mais les Helvètes sont 6es d'un classement Fifa dont les Français n'occupent que le 17e rang.

« La clé du match sera de bien défendre, car la France est très forte offensivement », affirme le milieu suisse Behrami. Son

Sous les yeux de Sissoko, les Suisses Benaglio et Rodriguez assistent impuissants à l'ouverture du score de Giroud.

5-2 : les Suisses (Shaqiri en tête) n'en croient pas leurs yeux.

entraîneur, l'Allemand Hitzfeld, est confiant : « La Suisse a envie de marquer l'histoire dans ce match. »

Elle va la marquer à sa façon en frôlant l'une des plus grosses déculottées de son histoire. À un quart d'heure de la fin, elle est en effet menée 5-0. C'est un festival qu'ont offert les Français jusque-là. Devant 51 000 spectateurs dont 8 000 supporters français, et 17 millions de téléspectateurs au pays, avec aussi Giroud à la place de Griezmann pour épauler Benzema et Sissoko plutôt que Pogba, ils assomment le match en deux minutes. Giroud (qui a fracturé involontairement quelques minutes plus tôt le plancher orbital de Van Bergen) reprend d'abord de la tête un corner de Valbuena (17e). Dans les secondes qui suivent, un énorme raté de Behrami, qui oublie sur ce coup-là de bien défendre, profite à Benzema qui propulse Matuidi vers le gardien suisse Benaglio qu'il trompe d'une frappe au ras du poteau (18e).

La suite est un délice à peine terni par le penalty de Benzema repoussé par Benoglio sur Cabaye qui fracasse la transversale (32e). Une superbe reprise en lucarne de Valbuena sur un centre de Giroud (40e), un tir croisé de Benzema (67e) magnifiquement servi par Pogba (qui vient de remplacer Giroud) et une nouvelle frappe croisée de Sissoko alerté par Benzema (73e) envoient les Suisses en enfer.

Un lointain coup franc de Dzemaili (81e) et une subtile volée du gauche de Xhaka (87e) atténueront un peu leur souffrance (5-2).

SAKHO REVIENT DE TRÈS LOIN

Hitzfeld lui-même est subjugué par ce qu'il a vu : « La France peut aller très loin, dit-il. Elle a beaucoup de classe et Benzema est très dangereux. » « On se fait vraiment plaisir, constate l'avant-centre du Real. C'est un bon groupe. »

Quant à Deschamps, il est aux anges, même s'il refuse tout triomphalisme prématuré : « Est-ce que nous avons été performants ou l'adversaire a-t-il été défaillant ? Je préfère retenir ce que nous avons réalisé. On est compétitifs. La Suisse n'est pas 6e par hasard du classement Fifa. Je n'ai pas envie de freiner l'enthousiasme, mais on ne s'enflamme pas. Il ne faut pas se voir plus beaux qu'on est. L'objectif, ce sont les huitièmes. » Ce que Debuchy résume en une phrase : « C'est un peu tôt pour savoir jusqu'où on peut aller. »

L'Équateur ayant battu le Honduras (2-1), la France n'est pas encore officiellement qualifiée. Mais il faudrait un incroyable concours de circonstances pour qu'elle rate cette première marche.

« On a tous envie de jouer au Maracana », a lâché Valbuena après le succès contre la Suisse. C'est à Rio, dans ce temple du jeu, là où, en 1977, de glorieux ancêtres conduits par Michel Platini ont arraché un match nul de légende au Brésil (2-2, buts de Didier

Griezmann en mode échec face à l'Équateur.

BENZEMA fait bip-bip

France-Honduras a débuté depuis quarante-huit minutes. À la réception d'un long centre de Cabaye, Benzema reprend du gauche. Sa frappe croisée percute l'intérieur du poteau opposé. Le ballon roule sur la ligne et revient vers le gardien Valladares qui le repousse involontairement derrière lui. But ou pas but ? Impossible à dire à première vue. Mais M. Ricci, l'arbitre brésilien, n'hésite pas. Il indique le rond central. Le bip émis par sa montre-chronomètre ne laisse aucune place au doute, même si les Honduriens protestent par ce qui est appelé à devenir très vite une inutile habitude.

Pour la première fois dans l'histoire du football, une assistance technologique (la *goal line*) est venue au secours d'un être humain. Il en a coûté 2,5 millions d'euros à la Fifa pour équiper les stades du Mondial, mais par la grâce de Benzema et Valladares, le système s'est immédiatement rendu indispensable.

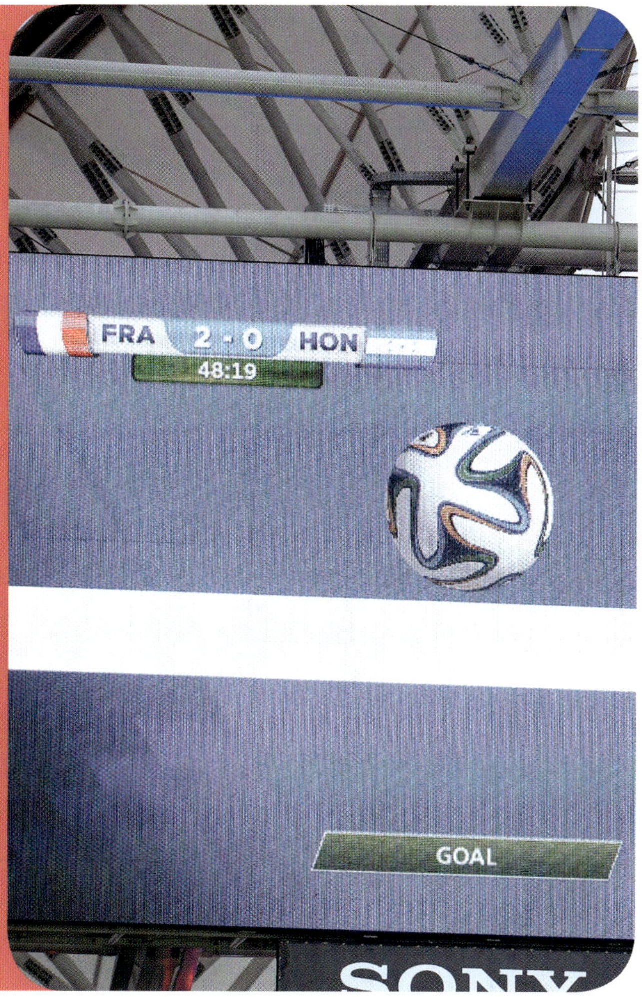

Six et Marius Trésor), que les Bleus, devant 74 000 personnes et 10 000 de leurs supporters, défient les Équatoriens. Il s'agit de valider une première place du groupe qui doit leur éviter de croiser l'Argentine et Messi en huitièmes. Sur la pelouse mythique, Deschamps lance six nouveaux titulaires par rapport au match précédent (Digne, Sagna, Schneiderlin, Koscielny, Griezmann et Pogba).

Dans sa chronique de *L'Équipe*, Lizarazu évoque « un match piège ». Il aurait pu l'être encore plus si l'arbitre avait expulsé Sakho, auteur d'un vilain coup de coude sur Minda en début de rencontre (7e), et s'il n'avait pas brandi du rouge au nez d'Antonio Valencia, dont la faute sur Cabaye n'était pas forcément volontaire (49e).

GUY ROUX PRÔNE LA MODÉRATION

Mais même face à un adversaire réduit à dix, les Français sont mal à l'aise dans cette rencontre. Ils se créent pourtant huit véritables occasions de but, la plus nette étant une reprise de Griezmann détournée par l'excellent gardien Dominguez sur sa barre (48e). Et Lloris a dû sortir deux solides arrêts (41e et 82e) pour préserver sa cage. Quoi qu'il en soit, la France sort première de ce match sans but (0-0) et sans grand intérêt. En huitièmes de finale, elle affrontera le Nigeria qui s'est incliné sans démériter face à l'Argentine (3-2).

« L'objectif est atteint », clame Deschamps pragmatique. « On a placé la barre très haut après les deux premiers matchs, explique Schneiderlin. On est tombés sur une équipe qui a très bien joué. Une nouvelle compétition commence. » « J'espère que la prochaine fois on les mettra au fond », enchaîne Benzema.

Le vieux sage Guy Roux tire la leçon de ce semi-faux pas : « Dans le chemin psychologique de la nation, ça va nous aider à rester modérés. »

Non, les Français n'ont pas oublié d'où ils viennent. Mais ils savent où ils vont. À Brasilia où une nouvelle et grande aventure les attend sur le chemin de leur rédemption et de leur folle conquête.

COUPS DE TONNERRE

Le premier tour de la Coupe du monde réserve quelques décapantes surprises. L'Espagne tombe lourdement, le Ballon d'or Cristiano Ronaldo également. L'Italie pique sa crise. Pendant ce temps, le Costa Rica épate et l'Algérie s'éclate.

Fred (Brésil) et Lovren (Croatie) : les deux ex-Lyonnais ne partagent pas le même diagnostique.

Groupe A
LE BRÉSIL À LA PEINE

Sa Coupe du monde, le Brésil l'entame par une jolie embrouille. Mené depuis la 11e minute par la Croatie lors du match d'ouverture à São Paulo, il égalise sur un exploit de Neymar (1-1, 29e), mais n'arrive pas à dominer son adversaire jusqu'à la 71e minute. L'ancien Lyonnais Fred s'écroule dans la surface, touché par l'ancien Lyonnais Lovren. Penalty. 2-1. Le Croate n'a fait qu'effleurer le Brésilien. Les Croates sont écœurés : « Autant leur donner la Coupe du monde, peste leur entraîneur, Nico Kovac, et rentrer tout de suite à la maison. » Les Croates y retourneront à l'issue de ce premier tour où ils étrillent le Cameroun (4-0), certes, mais ne résistent pas au Mexique lors de leur dernier match (défaite1-3).

Le Mexique, qui a empêché le Brésil d'aligner une deuxième victoire, en l'obligeant à concéder le nul (0-0), a ajouté aux doutes qui escortent les prestations du pays organisateur. Mais un doublé de Neymar, lors du troisième match face au Cameroun (4-1), permet aux Brésiliens de garder la première place du groupe grâce à une meilleure différence de buts. Ah oui ! Le Cameroun était le quatrième larron. Trois défaites, un but marqué, neuf encaissés. Ridicule et indigne de sa légende.

Neymar et son contrôle portemanteau.

Groupe B
L'ESPAGNE À TERRE

Les monuments sont rarement en mouvement. Leur destin naturel est d'être en péril et, parfois, de finir en ruine. L'Espagne n'a pas échappé à la règle mais personne ne l'avait vraiment vu venir. Dès le premier soir brésilien des doubles champions d'Europe (2008 et 2012) et champions du monde en titre (2010), la catastrophe est annoncée. Les voilà étrillés par les feux follets néerlandais. 5-1. « Tout est entre nos mains, indiquait pourtant le gardien du Real Madrid, Iker Casillas. Si on a l'ambition, l'humilité et la flamme qui nous ont faits champions du monde il y a quatre ans, nous pourrons défendre ce titre. »

Les Espagnols, après tout, peuvent se ressaisir face au Chili, quatre jours plus tard. Leur sélectionneur, Vicente Del Bosque, « pense avoir assez d'expérience pour comprendre la défaite » face aux Néerlandais. Insuffisant, visiblement, car le Chili ne se laisse pas faire. 2-0. Le voilà qualifié au bout de deux rencontres, tout comme les Pays-Bas, qui ont battu l'Australie (3-2) à l'issue d'un match haletant. L'Espagne est à terre. « Je ne m'y attendais pas, reconnaît Del Bosque. Jamais je n'aurais pensé que nous allions être éliminés au premier tour. Nous n'avons pas été assez courageux et nous ne méritons pas de nous qualifier. » La Coupe du monde a démarré depuis six jours et voilà que la plus grande équipe des six dernières années est déjà dehors. Incroyable !

Robben efface Casillas et torpille l'Espagne.

Drogba-Gervinho : l'angoisse.

Groupe C
LA CÔTE D'IVOIRE ENCORE DEHORS

Au premier regard, l'affaire était entendue. Le Japon, c'est loin et ça stagne ; la Grèce, c'est souvent ennuyeux et on n'a pas envie de mieux connaître ses joueurs. C'est injuste, cruel, tout ça, mais avec la Colombie et surtout la Côte d'Ivoire dans ce groupe C, le choix romantique s'imposait. D'autant que, pour sa troisième Coupe du monde, sans doute la dernière, on voulait voir Didier Drogba passer enfin un premier tour. Le succès initial face au Japon (2-1) lançait bien l'affaire, mais l'histoire tournait autour du choix de Sabri Lamouchi, de ne pas titulariser sa star... Drogba remplaçant ? « Mon souci, c'est de gérer le collectif, pas une individualité », répétait l'ancien international français. Drogba, lui, ne disait rien. Toujours pas titulaire lors du deuxième match, perdu face à la Colombie (1-2), du coup qualifiée, il le fut, en revanche, lors de la dernière rencontre. Un nul suffisait aux Ivoiriens pour accéder aux huitièmes de finale. Ils le tinrent quarante-deux minutes, jusqu'à l'ouverture du score de Samaris (42e, 0-1). Éliminés jusqu'à la 74e, et l'égalisation de Bony (1-1), ils tinrent encore le nul près de vingt minutes. La dernière leur fut fatale. Une simulation de Samaras dans la surface, un penalty plus que discutable, transformé par le même Samaras (90e+3, 1-2) et voilà que les Ivoiriens rentraient chez eux. « On ne doit cette élimination qu'à nous-mêmes, pestait Gervinho. Les buts encaissés viennent de nos propres erreurs, alors qu'on avait notre destin entre nos mains. C'est une sale soirée ! » Pas pour la Grèce, qui se glisse ainsi au prochain tour.

Groupe D
L'ITALIE EN CRISE

Décidément, la constance n'est plus italienne. Dans ce groupe, dit « de la mort », la Squadra Azzurra, championne du monde en 2006, finaliste de l'Euro en 2012, semblait donner le plus de garanties de solidité et d'expérience. En battant l'Angleterre (2-1) lors de son entrée dans le tournoi, elle avait conforté ce sentiment, d'autant que le succès surprenant du Costa Rica sur l'Uruguay (3-1) lui permettait, a priori, de contrôler ses deux autres rencontres.

Sauf que le Costa Rica, en marquant sur une de ses rares occasions juste avant la mi-temps de son match face à l'Italie, jeta le doute dans les esprits italiens. Battus par la sélection d'Amérique centrale, seule dans ce groupe à n'avoir jamais remporté la Coupe du monde ni même joué autre chose qu'une phase de poules, voilà les joueurs de Cesare Prandelli condamnés à préserver au moins le nul face à l'Uruguay. Ils sont battus (1-0) et éliminés pour la deuxième fois de suite au premier tour d'une Coupe du monde.

L'événement est là, car l'élimination, au bout de deux matchs, de l'Angleterre, n'est presque pas une surprise. Les Anglais quittent d'ailleurs le Brésil dans une relative indifférence quand les Italiens s'écharpent de manière spectaculaire. « On entend souvent qu'il faut du changement, que moi (36 ans), Pirlo (35 ans), De Rossi (30 ans) ou Barzagli (33 ans), on est vieux, souligne le gardien Gianluigi Buffon. Mais la vérité, c'est que ce sont les vieux qui tirent tout le monde. Sur le terrain, on voit qui est là, qui ne l'est pas ! » La saillie vise certainement Mario Balotelli, le jeune attaquant de Milan. La charge de De Rossi est plus claire encore : « On ferait bien de méditer ce que dit notre gardien de but, un des meilleurs de tous les temps. Nous, les anciens, nous incarnons le bon esprit et ceux qui sont incapables de vivre la même envie, la même passion, doivent rester à la maison. Il ne faudra pas repartir avec des personnages ou des vignettes Panini qui ne servent à rien dans cette équipe. »

Cassano, Buffon, Chiellini, Parolo et toute l'Italie à la peine.

Messi-Di Maria tandem de choc pour les Argentins.

Groupe G
LE PORTUGAL EN SOUFFRANCE

Fatale. L'entrée en lice du Ballon d'or, Cristiano Ronaldo, et du Portugal, aura été une facture trop lourde à supporter. Balayée par l'Allemagne (4-0), l'équipe portugaise ne se remettra jamais. « Qu'est-ce que vous voulez qu'on dise ? On en a pris quatre… » soufflait Coentrao après la leçon. Pepe expulsé pour un coup de tête sur Müller, Coentrao et Hugo Almeida blessés : les dégâts sont lourds pour le Portugal qui veut croire qu'il se relancera face aux États-Unis dès le match suivant. Faux. Varela arrache même l'égalisation (2-2) dans le temps additionnel (90e+5). Il faut alors aux Portugais un miracle pour passer en huitièmes : battre le Ghana en espérant que l'Allemagne triomphe des États-Unis par au moins quatre buts d'écart. Le succès allemand (1-0) n'est pas assez ample pour compenser la petite victoire portugaise (2-1). La Seleçao regarde donc, avec les Ghanéens, Jürgen Klinsmann et son ancien adjoint en sélection allemande, Joachim Löw, voguer vers les huitièmes.

Ronaldo bien contré par Jermaine Jones.

Groupe F
L'ARGENTINE L'AIR DE RIEN

Sans impressionner personne, l'Argentine avance tranquillement. Trois matchs, trois victoires. Elle se débarrasse d'abord de la Bosnie-Herzégovine (2-1) entraînée par Safet Susic, ancienne idole du Paris SG des années 1980. Le Nigeria et l'Iran ayant fait un match nul sans intérêt, le suspense prend forme autour de la bagarre pour la deuxième place, qui enverra en huitième de finale vers le premier du groupe de la France. Lorsque le Nigeria bat la Bosnie (1-0) lors du match suivant, il se positionne clairement comme candidat d'autant que l'Iran a cédé face à l'Argentine – tardivement – sur un coup de patte de Messi (1-0). Les Argentins sont qualifiés et leur ultime match face au Nigeria doit leur permettre d'assurer la première place. Un doublé de Messi leur offre une victoire longue à se dessiner (3-2). Comme l'Iran, qui pouvait se qualifier en battant la Bosnie, a craqué physiquement (1-3), le Nigeria hérite de la deuxième place qui l'envoie vers la France. « On n'a peur de personne », prévient le gardien de Lille, Vincent Enyeama.

Coach Vahid
et les Fennecs : QUALIFIÉS !

Groupe H
L'ALGÉRIE DANS L'HISTOIRE

Dense, ce groupe H. La Belgique, présentée comme un des gros outsiders de la Coupe du monde, intrigue. Eden Hazard (Chelsea), Vincent Kompany (Manchester City), Thibaut Courtois (Atlético, de retour à Chelsea pour la saison 2014-2015), Marouane Fellaini (Manchester United) : il y a là de belles individualités au sein d'une formation qui fut la première de la zone Europe à décrocher son billet pour le tournoi brésilien. Mais la Russie, dirigée par Fabio Capello (le sélectionneur le mieux payé du monde avec près de 14 millions d'euros annuels, soit quasiment autant que Zlatan Ibrahimovic au Paris SG…), qui vient en repérage avant « sa » Coupe du monde en 2018, présente un visage solide. Et la Corée du Sud est considérée comme la plus régulière des équipes asiatiques. Que peut donc espérer l'Algérie dans ce groupe ? Après sa défaite face à la Belgique (1-2), elle est déjà condamnée à un succès sur les Coréens. Renouant avec un jeu alerte et parfois tonitruant, les Algériens s'offrent cette victoire retentissante (4-2) qui leur donne surtout les clés de leur destin. S'ils ne perdent pas contre les Russes lors de la dernière rencontre, ils iront en huitièmes de finale.

L'affaire s'engage mal quand la star montante russe, Kokorine, ouvre le score (1-0, 6e). Voilà les Algériens condamnés à s'exposer aux contres. Mais lorsque Slimani marque de la tête sur un coup franc à la trajectoire mal lue par le gardien Akinfeev (1-1, 60e), l'histoire du football algérien écrit un nouveau chapitre. « C'est un exploit qui entre aussi dans l'histoire de notre pays, raconte Djamel Mesbah. Mais il faut très vite redescendre sur terre. On prendra conscience de ce qu'on a fait une fois en vacances… Ce n'est pas fini. On a marqué six buts, ce n'est pas rien. » L'Allemagne, adversaire des Fennecs en huitièmes de finale, se rendra compte que ce ne sont pas seulement des paroles de circonstance. Mais ça, c'est une autre histoire.

30 juin 2014, Estádio Nacional Mané Garrincha, Brasilia

FRANCE - NIGERIA : 2-0

LE QUART, PAS LE CAR

En se qualifiant pour les quarts de finale grâce à un succès contre le Nigeria (2-0), l'équipe de France a gommé ses errements de 2010, entretenu la flamme d'un exploit inimaginable quelques mois plus tôt et gagné le droit de défier l'Allemagne.

À Brasilia, c'est le champion d'Afrique en titre qui attend les Bleus. Et qui prend modèle sur eux. Les hommes de Stephen Keshi se mettent en grève de l'entraînement à quatre jours du match, classique histoire « made in Africa » de primes non versées.

Côté français, la vie serait un long fleuve tranquille si deux joueurs ne s'étaient pas un peu lâchés en conférence de presse. « Honnêtement, l'objectif c'est de gagner cette Coupe du monde », affirme Schneiderlin. « Ce serait un échec de ne pas gagner la Coupe du monde », ajoute Sagna.

Le lendemain, Deschamps envoie l'expérimenté Cabaye éteindre ce joyeux incendie : « L'ambition c'est bien, mais dire qu'on va la gagner c'est beaucoup. Il ne faut pas ajouter une pression à la pression des huitièmes de finale », précise le Parisien. Deschamps confirme : « Nous sommes en huitièmes. Se projeter plus loin, cela ne sert à rien. »

Sans Sakho blessé à une cuisse et de nouveau suppléé par Koscielny, avec Pogba redevenu titulaire et Giroud en pointe, les Français s'attendent à souffrir pour franchir la muraille Enyeama. Le gardien de but de Lille multiplie les exploits depuis le début de l'épreuve. « On n'a peur de personne, dit-il. J'ai une grande confiance en nous car nous voulons aller au bout. » Décidément…

Devant 68 000 spectateurs, et dans la chaleur d'un début d'après-midi, les Bleus peinent à prendre le contrôle du jeu. Le but refusé à Emenike pour un hors-jeu discutable fait leurs affaires (19e). Tout comme la mansuétude de l'arbitre américain Mark Geiger sur une faute flagrante de Evra sur Odemwingie qui aurait mérité un penalty (38e).

L'ENTRÉE DÉCISIVE DE GRIEZMANN

Seule une superbe reprise de volée de Pogba détournée par Enyeama a secoué les Nigérians (22e). Il faut attendre le remplacement de Giroud par Griezmann (62e), et le retour dans l'axe de Benzema, pour que les Français prennent la main. Entre-temps, Matuidi a eu beaucoup de chance de n'écoper que d'un carton jaune pour un tacle qui envoie Onazi à l'hôpital (54e).

Moses sauve devant sa ligne sur une frappe de Benzema (70e). Cabaye tire sur la transversale (77e). Une tête de Benzema oblige Enyeama à un nouvel envol (79e). Une minute plus tard, sur un corner de Valbuena, le gardien nigérian se rate enfin. Pogba ouvre le score de la tête (80e). En marquant contre son camp sous la pression de Griezmann au bout d'un centre de Valbuena (90e+1), Yobo donne au succès français une trompeuse ampleur (2-0).

Tandis que Keshi vitupère l'arbitrage (« c'est une honte »), Deschamps se dit « heureux et fier ». « Les garçons le méritent, ajoute-t-il. Ils ont répondu au combat physique. Vu par où on est passés, en être là ce n'est pas rien. Mais il ne faut pas s'enflammer. On n'est ni les plus beaux ni les meilleurs. »

« Il y a quelques mois personne ne nous voyait au Brésil. On revient de loin », rappelle Cabaye. Et Valbuena loue la solidarité du groupe : « Nous sommes vingt-trois frères. »

Les Bleus ont déjà gagné une bataille. Celle de l'image.

« On n'a peur de personne, dit-il. J'ai une grande confiance en nous car nous voulons aller au bout.

VINCENT ENYEAMA

Pressés par Griezmann, Enyeama et Yobo concèdent le 2-0.

L'ALGÉRIE PASSA SI PRÈS

Beaucoup de suspense dans la plupart des huitièmes de cette Coupe du monde brésilienne. Mais l'Algérie, en poussant l'Allemagne en prolongation, a créé une véritable sensation.

Rien n'est facile pour le Brésil. Le pays hôte, qui s'en est souvent remis, au premier tour, au talent de Neymar, peine à convaincre qu'il est digne de sa légende. Les grands anciens ne se reconnaissent pas dans cette équipe au jeu étriqué, qui mise sur la puissance de Fred et celle de Hulk en attaque. L'occasion est belle pour la Seleçao de Luis Felipe Scolari de démontrer que les matchs décisifs arrivant, elle retrouve sa superbe. On le croirait pendant vingt minutes parce que, quand David Luiz force le Chilien Jara à dévier le ballon dans son propre but, on se dit que le Brésil va écraser ce huitième de finale.

Sauf que le Brésil s'étiole. La rage des Auriverde après le but tranche avec la mollesse dont ils font ensuite preuve. L'attaquant de Barcelone, Alexis Sanchez, en profite pour égaliser peu après la demi-heure de jeu (1-1, 32e). L'impensable peut-il arriver ? Oui, mais Julio Cesar veille. Héros de l'Inter Milan vainqueur de la Ligue des champions en 2010, le gardien brésilien a, depuis, emprunté un chemin de traverse qui ne devait pas forcément le ramener vers la gloire. Son impeccable parade face à Aranquiz (64e) soulage un stade de Belo Horizonte qui voit son équipe reculer de plus en plus. Et que dire de la dernière minute de la prolongation, lorsque Pinilla, qui vient d'entrer en jeu, décoche une frappe sèche qui se cogne à la transversale brésilienne.

Les tirs au but seraient presque une bénédiction pour les Brésiliens tant le Chili semblait proche de les renverser. La séance qui démarre est lancée par deux héros des cent vingt minutes précédentes. David Luiz s'avance le premier et trompe Claudio Bravo. Mauricio Pinilla est le premier tireur chilien. Cette fois, ce n'est pas la barre, mais le pied de Julio Cesar qui dévie son ballon. Les Chiliens vont courir après le score dans toute la série. Parce que le Brésilien de Chelsea, Willian, manque son penalty sans qu'Alexis Sanchez ne parvienne à tromper, juste après, le gardien brésilien. Pourtant, Hulk aussi verra sa tentative repoussée par le portier du Chili, mais Neymar ne tremble pas alors que Jara, le défenseur du Chili déjà auteur du but contre son camp, frappe sur… le poteau. Voilà les Brésiliens en quarts de finale et à les voir exulter et pleurer, on comprend à quel point ils sont soulagés. « Mais le Brésil

> « On a rendu fier le peuple algérien. C'est ce que nous voulions.
>
> MEHDI MOSTEFA

Manuel Neuer, bourreau
des ambitions algériennes.

James Rodriguez signe un doublé contre l'Uruguay.

sortira plus fort et plus confiant après cette qualification, estime le sélectionneur argentin du Chili, Jorge Sampaoli. On lui demande d'être champion du monde et de jouer très bien, c'est une énorme pression. »

En quarts, se profile la Colombie pour un deuxième duel sud-américain d'affilée. Emmenés par le Monégasque James Rodriguez, auteur d'un doublé (2-0), les Colombiens se sont débarrassés de l'Uruguay. Sans Luis Suarez, suspendu pour avoir mordu l'Italien Chiellini en phase de poules, la Céleste d'Edinson Cavani a semblé empâtée, amorphe, lourde. Tout le contraire de l'Algérie, qui a failli créer une sensation bien supérieure à celle que représente la qualification du Costa Rica (aux dépens de la Grèce). Opposée à l'Allemagne dans un duel qui rappelait la Coupe du monde 1982 et le succès des Fennecs contre le futur finaliste (2-1), l'Algérie semblait condamnée à courir derrière le ballon et à payer cher son jeu direct.

LA BELGIQUE FILE EN QUARTS

C'est pourtant elle qui a malmené les Allemands. Certes, l'Allemagne a beaucoup tenté, mais elle est tombée sur un gardien exemplaire. Raïs M'Bolhi, formé à Marseille et gardien du CSKA Sofia, fut un mur aussi infranchissable que son collègue d'en face, Manuel Neuer.

Poussés en prolongation, les Allemands y ont été cruels. Dès la 2e minute, soit la 92e, Schürrle dévia, d'une « Madjer », le ballon dans la cage algérienne. Ironie terrible que ce geste baptisé par un Algérien qui avait, alors, offert une Coupe des champions à Porto au détriment du Bayern Munich. Juste avant la fin du temps réglementaire, un but de Mesut Özil vint fracasser définitivement les rêves algériens, même si la réduction du score par Djabou (120e+1, 2-1) donnait une dimension encore plus épique à la résistance de l'équipe africaine. « Quand on est compétiteur, on est toujours déçus de perdre, mais c'était l'Allemagne en face, résume Mehdi Mostefa. On a poussé en prolongation cette équipe, qui dispute toutes les demi-finales de grandes compétitions internationales depuis 2006. On peut repartir la tête haute. On a rendu fier tout le peuple algérien, et c'est ce que nous voulions. »

Vingt-deuxième nation au classement FIFA, l'Algérie a validé au Brésil l'idée qu'elle était enfin reconstruite et pouvait de nouveau compter dans le paysage du football africain. « On a formé un groupe uni et c'est toute l'Algérie qui sort grandie de cette Coupe du monde, dit le Rémois Aïssa Mandi. On était arrivés un peu sur la pointe des pieds et on repart d'ici après avoir entendu tous ces supporters brésiliens chanter pour nous : "Algérie ! Algérie !" »

L'Allemagne a eu chaud et cela lui vaudra un tombereau de critiques et l'obligation de revoir beaucoup de choses avant d'affronter la France en quarts de finale. Autre formation qui suscite des doutes, l'Argentine, sortie tranquillement de son groupe mais dépendant à tel point de Messi que de nombreux observateurs se demandent si la Suisse ne peut pas créer l'énorme surprise. Encore une fois, il faudra la prolongation pour départager les deux équipes, mais les Helvètes craquent. Cette fois, c'est à la 118e minute, deux minutes seulement avant la séance de tirs au but. Une accélération de… Messi et un décalage vers Di Maria qui trompe Benaglio (1-0). « Il faut passer par ce genre de moments et profiter de la chance », dira l'attaquant du Real Madrid.

La Belgique aussi aura besoin de la prolongation pour venir à bout des États-Unis (2-1), contrairement aux Pays-Bas, qu'un penalty à la dernière minute face au Mexique expédiera en quarts de finale (2-1). Mais avec seulement trois matchs (Colombie-Uruguay, France-Nigeria, Pays-Bas-Mexique) scellés dans le temps réglementaire, ces huitièmes de finale auront offert beaucoup d'émotions en tout genre.

Le Brésilien Neymar et le Chilien Charles Aránguiz.

4 juillet 2014, Estadio do Maracanã, Rio de Janeiro

FRANCE - ALLEMAGNE : 0-1

TOUJOURS LA MÊME HISTOIRE

Incapables de hausser le ton face à une équipe d'Allemagne beaucoup plus expérimentée, les Bleus quittent le Mondial la tête haute et le cœur lourd. Mais ils ont largement rempli leur contrat et peuvent désormais se lancer avec ambition à l'assaut d'un Euro 2016 « made in France ».

Voici venue l'heure de ressortir les fantômes du passé. Ceux de Séville 1982, de cette irrespirable, épouvantable et légendaire élimination en demi-finale aux tirs au but. Ceux de Guadalajara 1986, de cette revanche totalement ratée, quelques jours après avoir sorti le Brésil en quarts, en ce même lieu devenu mythique.

Jamais depuis cette date les deux nations ne se sont croisées en match officiel. France-Allemagne est le rendez-vous de toutes les émotions. « Mes joueurs n'étaient pas nés », rappelle Deschamps. Ils ont assez à faire avec le poids du présent pour ne pas se trimballer, en plus, celui d'un autre siècle.

« Le chemin ne s'arrête pas là », a lancé le sélectionneur après la victoire contre le Nigeria. La veille du match, il a ajouté : « Au début du Mondial, l'Allemagne faisait partie des favoris. Pas nous. Cela ne va pas nous empêcher de jouer à fond. » Et Lloris affirme : « Il y a beaucoup d'envie et d'excitation. On veut écrire notre propre histoire. »

Éreintés par la presse allemande après leur difficile qualification contre l'Algérie (2-1 a.p.), les joueurs de la Mannschaft ne pensent à rien d'autre. C'est sans doute pourquoi leur sélectionneur Joachim Löw redistribue les cartes. Exit le lourd défenseur Mertesacker. Hummels est de retour et Boateng se recentre pour laisser le poste d'arrière droit à Lahm. Devant, le vétéran Klose (36 ans) épaule Müller. Côté français, Griezmann est préféré à Giroud.

HUMMELS, LE BOURREAU DES BLEUS

Avec 74 000 spectateurs, le Maracanã de Rio va très vite devenir le cimetière des illusions tricolores. On joue depuis douze minutes quand Hummels domine Varane et reprend victorieusement de la tête un long coup franc de Kroos.

La suite n'est que fatalité. Face à une équipe au vécu collectif sans commune mesure, les Bleus ne parviennent jamais à imposer leur jeu. Benzema multiplie vainement les tentatives, notamment quand Neuer repousse sur lui une frappe de Valbuena (34e) ou de la tête sur un centre d'Evra (42e). Et quand, dans un dernier assaut, il pense égaliser, Neuer a la main ferme (90e+4). Quelques minutes plus tôt, Lloris a dû sauver deux fois en catastrophe devant Schürrle (82e et 90e+2). L'Allemagne atteint les demi-finales pour la quatrième fois consécutive (du jamais-vu en Coupe du monde). Elle était trop solide pour ces Bleus en pleine croissance.

Les larmes de Griezmann sont le seul vrai moment d'émotion d'un après-midi décevant. Deschamps souligne « un manque d'expérience et de réussite », parle de sa « fierté », de « la tristesse et la frustration des joueurs » et rappelle : « Il ne faut pas oublier ce qu'on a fait de très bien jusque-là. »

« Les Français ont vu qu'on a joué avec le cœur », clame Sakho et ce n'est pas faux. L'opinion publique et les Bleus sont réconciliés. Un accord parfait avant de partir à la conquête de l'Euro français 2016 devenu soudain un objectif considérable mais réaliste.

Qui l'aurait cru quelques mois plus tôt ?

« Au début du Mondial, l'Allemagne faisait partie des favoris. Pas nous. Cela ne va pas nous empêcher de jouer à fond.

DIDIER DESCHAMPS

Malgré les efforts de Griezmann, Lahm et les Allemands triomphent encore.

ÇA LAISSE DES TRACES

Blessures du Brésilien Neymar et de l'Argentin Di Maria, coup gagnant de Louis van Gaal lors de la séance de tirs au but : peu spectaculaires, les quarts de finale sont pourtant fertiles en rebondissements.

Marcelo, inquiet pour Neymar.

Sur le terrain, le spectacle n'est pas forcément au rendez-vous. Jusque-là cette Coupe du monde était lancée sur des bases élevées à tel point que les spécialistes commençaient à la considérer comme la plus belle de l'histoire. De ce point de vue, les quarts de finale représentent un indéniable trou d'air. Évidemment, celui qui opposa la France à l'Allemagne renforce cette impression que quelque chose s'est passé sans qu'on en profite pleinement, mais l'ensemble des matchs aura déclenché peu de vibrations.

Pourtant, il y eut des événements. Des drames, des coups d'éclat et des sanglots. À commencer par ceux de Neymar face à la Colombie. Le prodige brésilien, heurté dans son dos par le défenseur de Naples, Juan Zuniga, fut obligé de quitter ses partenaires sur une civière. Il n'assista pas à leur qualification logique (2-1), transporté par hélicoptère vers l'hôpital où fut diagnostiquée une fracture d'une vertèbre.

La star de la Seleçao, forfait pour la suite de la compétition, voilà un motif de tristesse et de frustration pour tout un pays. Zuniga, auteur de la faute, dut faire face à une accusation de préméditation. Son geste aurait été intentionné afin blesser le Barcelonais. « Je n'ai jamais eu l'intention de lui faire mal, se défendit le Napolitain, menacé de mort sur les réseaux sociaux. C'est une chose très triste et j'espère que ce ne soit pas plus grave parce que tout le monde sait que c'est un grand talent pour le Brésil. »

Le Brésil n'en peut plus de regretter l'absence de son crack pour la suite de la compétition. Et le lendemain, Zuniga se fend

L'Argentin Higuain plus prompt que le Belge Witsel.

d'un courrier personnel d'excuses : « J'ai de la peine à cause de cette situation qui résulte d'un fait de jeu ne contenant ni méchanceté ni imprudence de ma part. Je veux t'envoyer un salut spécial, Neymar. Je t'admire, je te respecte et je te considère comme l'un des meilleurs joueurs du monde. J'espère que tu récupéreras très vite. »

LE RÉVEIL D'HIGUAIN

Le destin n'a pas été tendre avec le jeune Brésilien, qui avait si bien démarré la Coupe du monde et la quitte ainsi, sur blessure, contraint au repos dans sa famille. Pour l'Argentin Higuain, la trajectoire est inverse. Muet lors des quatre premiers matchs de l'Argentine, l'attaquant de Naples se réveille en quarts de finale. Son but permet aux partenaires de Lionel Messi de terrasser la Belgique (1-0). « J'avais dit au début du Mondial que j'étais serein et ce but est arrivé au meilleur moment, se réjouit l'ancien Madrilène. Cela fait tellement longtemps que l'Argentine n'avait pas disputé de demi-finale… »

Malheureusement, l'Argentine aussi déplore une blessure. Moins grave que celle de Neymar, mais Angel di Maria, victime d'une douleur à la cuisse, semble dans l'incapacité de continuer dans ce tournoi. « Il a été si bon quand il était sur le terrain, grimace Alejandro Sabella, le sélectionneur argentin. On fera le maximum pour qu'il puisse jouer en demi-finale car il est un joueur primordial pour nous. »

Les Pays-Bas n'ont pas ce genre de souci. Pourtant, pour accéder aux demi-finales, ils se font quelques cheveux. Le Costa Rica devait être une proie facile. Jusqu'aux tirs au but, l'équipe d'Amérique centrale tient sa cage inviolée. Louis van Gaal décide alors de faire entrer son troisième gardien, Tim Krul. Il n'a pas encore touché le moindre ballon dans cette Coupe du monde et le voilà qui s'apprête à disputer l'épreuve des tirs au but. Ce coup de bluff psychologique fonctionne. Le gardien de Newcastle, plus massif, plus grand que le titulaire du poste, Jasper Cillessen, semble impressionner les tireurs costariciens. Deux fois, il s'oppose à leurs tentatives et le portier de Newcastle devient le héros batave de la soirée, celui qui ouvre les portes de la demi-finale aux Néerlandais. Pour la deuxième fois d'affilée, les voilà dans le dernier carré où se profile un duel Robben-Messi.

« J'avais dit au début du Mondial que j'étais serein et ce but est arrivé au meilleur moment.

GONZALO HIGUAIN

8 juillet 2014, Estadio Mineirão, Belo Horizonte
ALLEMAGNE - BRÉSIL : 7-1

9 juillet 2014, Arena Corinthias, São Paulo
ARGENTINE - PAYS BAS : 0-0 (4 tab à 2)

LE CAUCHEMAR DU BRÉSIL

Étrillé par l'Allemagne en demi-finale, le Brésil est emporté par une déferlante qui brise ses rêves de triomphe à domicile. Le traumatisme est profond.

Longtemps, jusqu'à la fin des temps, la demi-finale entre l'Allemagne et le Brésil restera dans la mémoire collective. Parce que ces deux nations ne s'étaient, jusque-là, affrontées qu'en finale, en 2002 (victoire 2-0 du Brésil), leur choc, dans le dernier carré de cette Coupe du monde 2014, s'annonçait prometteur. Huit titres de champions du monde à elles deux, une permanence au plus haut niveau planétaire qui en font les deux plus grandes nations de l'histoire et une confrontation de styles qui ne pouvait que réjouir l'amateur éclairé des choses du ballon rond.

David Luiz, l'adieu aux larmes.

Mais de là à assister à une telle déflagration… Parce que c'est de cela qu'il s'agit. À Belo Horizonte, ce n'est pas simplement un événement ou un accident de l'histoire qui s'est produit, mais un événement historique. Le Brésil, maudit depuis 1950 et sa défaite à domicile face à l'Uruguay en finale de « sa » première Coupe du monde à domicile, attendait tellement que l'Histoire repasse le plat. Cette demi-finale, c'était son sésame pour retourner au Maracanã soixante-quatre ans plus tard. L'épreuve que la Seleçao a subie est sans doute plus douloureuse encore que sa défaite en finale, au siècle dernier.

Jamais une demi-finale n'avait été aussi largement dominée par une équipe. En 1930, les deux demi-finales s'étaient achevées sur le même score entre Argentine et États-Unis (6-1) d'un côté, et Uruguay et Yougoslavie (6-1) de l'autre. La dernière fois qu'une telle volée avait été enregistrée à ce stade de la compétition, c'était en… 1954 et c'était déjà l'Allemagne qui avait étrillé l'Autriche. Mais c'était une autre époque et ce qui s'est produit sur la pelouse du stade Mineirão est juste incroyable, inimaginable, impensable.

Après un début de match plutôt équilibré, le Brésil craque sur un corner de Kroos repris par Thomas Müller, seul devant Julio

Thomas Müller, bien plus qu'un temps d'avance sur Luiz Gustavo.

Cesar (11e, 1-0). Le laxisme des défenseurs brésiliens est évident, mais ne laisse pas encore présager la suite. Même lorsque Miroslav Klose s'y reprend à deux fois pour battre le portier brésilien (23e, 2-0), on se dit que l'affaire est très mal engagée pour le Brésil, mais qu'en une bonne heure, il peut revenir dans la partie et aller au moins en prolongation. Tout faux. Une minute plus tard, Kroos conclut une action limpide à une touche de balle (24e, 3-0) et n'attend même pas cent secondes pour inscrire son doublé (26e, 4-0). Le but de Khedira trois minutes après (29e, 5-0) ne surprend presque pas.

À cet instant, le Brésil est perdu. Ses joueurs errent sur la pelouse, fantômes de la légende qu'ils incarnent, illusions d'optique transpercées par la fougue et la précision allemandes. Schürrle aussi s'offrira un doublé (69e et 79e) portant le score à 7-0 avant qu'Oscar, à l'ultime minute, ne trompe enfin Neuer pour un but qui ne sert à rien (90e, 7-1).

À l'issue de ce match record, Klose se retrouve seul détenteur du nombre de buts marqués en Coupes du monde (16) devant le… Brésilien Ronaldo. « Je n'arrive pas trop à me rendre compte », dira l'attaquant de la Lazio. Se rendre compte… C'est l'expression de la soirée tellement le spectacle semble surréaliste. Les Brésiliens sont prostrés, en larmes, et demandent pardon à la terre entière et à Dieu qu'ils ont sollicité en permanence depuis le début de cette Coupe du monde. Leurs tragiques prières contrastent avec les sourires allemands qui seraient presque gênés. « Je comprends que ce soit très difficile à digérer pour le Brésil, dit le sélectionneur Joachim Löw. En 2006, chez nous, nous avons aussi perdu une demi-finale et on sait donc ce que le peuple brésilien ressent. » « Dans le vestiaire, c'était étonnamment calme, poursuit Mats Hummels, le défenseur de Dortmund. On savait qu'on était qualifiés tôt dans le match alors c'est différent par rapport à des rencontres serrées où la délivrance intervient vers la fin. »

Scolari et toute la Seleçao dans la tourmente.

« Dans le vestiaire, c'était étonnamment calme, poursuit, le défenseur de Dortmund. On savait qu'on était qualifiés tôt dans le match alors c'est différent par rapport à des rencontres serrées où la délivrance intervient vers la fin.

MATS HUMMELS

Dans l'autre vestiaire, le silence est pesant. « C'est le meilleur jour de la vie des Allemands, le pire de la nôtre », résume Marcelo. Thiago Silva, suspendu pour cette demi-finale, raconte qu'il n'a « plus la force de pleurer » tandis que David Luiz écrit l'épitaphe de l'aventure brésilienne dans ce Mondial : « On voulait remercier notre peuple qui souffre de nombreux maux dans notre pays. La douleur est grande et il y a parfois des gens qui doivent apprendre à vivre toute leur vie avec la douleur. »

L'ARGENTINE, AU BOUT DE L'ENNUI

Celle des Néerlandais est moins vive, mais elle existe. Longtemps, les Pays-Bas ont figuré un favori possible tant leur début de Coupe du monde fut maîtrisé (succès sur l'Espagne), tant Arjen Robben semblait être le joueur capable de les porter très loin. Mais en demi-finale, lors d'une purge face à l'Argentine, les Néerlandais se sont arrêtés. Les tirs au but leur avaient réussi face au Costa Rica, mais cette fois, Louis van Gaal ne tenta pas le coup de Tim Krul. Après le 0-0 entre les deux formations, il laissa Jasper Cillessen dans sa cage. Il y fut enfermé par les tireurs argentins qui ne manquèrent jamais leur cible, contrairement à Ron Vlaar et Wesley Sneijder (4 tab à 2). Rien à retenir de cette confrontation, qui souffrait évidemment de la comparaison avec celle de la veille, mais avec cette qualification, la finale s'annonçait magnifique, offrant une belle entre deux équipes s'étant affrontées deux fois (1986 et 1990) pour un succès chacune.

Surtout, face à l'équipe allemande, incarnation du collectif, se profile le génie Lionel Messi, en lice pour son premier titre mondial et, le cas échéant, un cinquième Ballon d'or. Ce n'est pas rien. Non, c'est juste une affiche qui s'annonce monumentale.

Désarroi hollandais, joie argentine.

13 juillet 2014, Estadio do Maracanã, Rio de Janeiro

ALLEMAGNE - ARGENTINE : 1-0 (a.p.)

L'ALLEMAGNE EST UN MONUMENT

Quatrième sacre mondial en soixante ans pour l'Allemagne, récompensée d'avoir toujours épousé le jeu et marqué un but à chaque match.

Aucune discussion possible : la meilleure équipe de la Coupe du monde a remporté le trophée. L'Allemagne, pourtant, a souffert lors de l'ultime match, au stade Maracanã de Rio de Janeiro. L'Argentine, ce 13 juillet, a livré sa meilleure prestation du tournoi, avec des occasions très nettes, notamment par Higuain et Palacio, seuls face au gardien. Manuel Neuer s'est par ailleurs signalé sur une sortie rugueuse conclue par un coup de genou dans la face de Higuain (56e). Jusqu'à la prolongation, l'Argentine sembla en mesure de remporter son troisième trophée après ceux de 1978 et 1986. Mais lorsque Mario Götze, à la réception d'un centre d'André Schürrle, réalisa un sublime enchaînement contrôle poitrine-reprise de volée, le stade tout entier comprit que la Coupe du monde prenait la direction de Berlin.

Il restait sept minutes à jouer avant la fin de la prolongation et, à ce moment, les Argentins semblaient bien trop rôtis pour résister à la maîtrise allemande. « Nous avons eu des opportunités et nous ne les avons pas concrétisées et, lors de la prolongation, la fatigue s'est fait sentir, reconnaît le sélectionneur Alejandro Sabella. Mais il faut féliciter mes joueurs qui ont réalisé un travail fantastique. » En face, le triomphe allemand récompense une révolution entamée il y a dix ans. Quatorze des vingt-trois champions du monde ont moins de 25 ans. Impressionnant.

ET À LA FIN, L'ALLEMAGNE EST CHAMPIONNE DU MONDE

Mais la jeunesse n'est pas le seul motif d'admiration de cette équipe qui, toujours, a choisi de jouer, inscrivant un but à chacun de ses matchs. Meilleure attaque du tournoi, la Nationalmannschaft, avec 18 buts, égale le Brésil de 2002 guidé par un exceptionnel Ronaldo. Quatorze ans plus tard, le record du nombre de buts en Coupe du monde du Brésilien a été battu par… l'Allemand Miroslav Klose. Seize buts en quatre participations (2002, 2006,

> « Nous avons connu notre part d'échecs. Mais l'équipe est restée calme et patiente.
>
> MANUEL NEUER

2010, 2014), c'est juste énorme. Et symbolique de la permanence de cette équipe au sommet mondial depuis près de dix ans. « Nous avons connu notre part d'échecs, résume Manuel Neuer, en référence aux demi-finales des Coupes du monde 2006 et 2010, de l'Euro 2008 et à la finale de l'Euro 2012. Mais l'équipe est restée calme et patiente. » « C'est incroyable, dit Philip Lahm. Nous nous sommes améliorés tout au long du tournoi et nous n'avons pas abdiqué, même quand ça ne tournait pas comme nous le voulions. Nous avons conservé notre plan et à la fin, nous sommes champions du monde. »

Pour la quatrième fois après 1954, 1974 et 1990. Présente dans une finale sur deux depuis son premier sacre, il y a soixante ans, l'Allemagne a remporté un quart des Coupes du monde depuis. Seul le Brésil est aussi constant. Que les Allemands soient les premiers Européens à s'imposer dans une Coupe du monde organisée hors d'Europe est un autre symbole de leur faculté à écrire l'histoire. En tout cas, à côté des traditionnels candidats au Ballon d'or que sont Lionel Messi et Cristiano Ronaldo, trois Allemands se dégagent dès le milieu de l'été : Neuer, Müller et Schweinsteiger.

Coup de sifflet final = l'équipe allemande exulte !

LES TOPS

1

Manuel NEUER

Magistral

Le gardien du Bayern Munich s'est imposé pendant toute la Coupe du monde comme un rempart absolu. Son impact physique, sa densité sur sa ligne et ses réflexes ont impressionné jusqu'à ses adversaires qu'on a souvent sentis intimidés au moment de le défier en duel, notamment en finale.

2

Thomas MÜLLER

Incontournable

À 25 ans, son palmarès est déjà monumental. Coupe du monde, Ligue des champions, championnats d'Allemagne (3). Avec dix buts en deux Coupes du monde, il se positionne déjà comme le possible successeur de Miroslav Klose, détenteur du record du nombre de buts dans la compétition (16).

3

Javier MASCHERANO

Le métronome

Certes, Lionel Messi a porté l'Argentine au premier tour. Mais le jeu défensif de l'Albiceleste doit sa grande stabilité au milieu de Barcelone. Souvent intraitable, il est aussi un sacré joueur de ballon et il occupe un rôle prédondérant dans l'équipe d'Argentine.

4

James RODRIGUEZ

La révélation

Le Colombien de l'AS Monaco arrivait en terre inconnue, ou presque, au Brésil. Avec six buts au compteur, il a éclaté au grand jour. Du coup, il a vite manifesté son envie de rejoindre… le Real Madrid.

5

Keylor NAVAS

En majesté

Le gardien du Costa Rica, Keylor Navas, a impressionné tout au long de la compétition, notamment face à la Grèce, en huitièmes de finale, et aux Pays-Bas, en quarts. Du coup, Levante, son club espagnol, a reçu beaucoup de sollicitations…

LES FLOPS

5

Cristiano
RONALDO
Ballon de plomb

Ses rêves d'un nouveau Ballon d'or se sont sans doute brisés lors d'un Mondial qu'il n'est jamais parvenu à dompter au sein d'une équipe portugaise handicapée par des blessures et en panne totale d'inspiration. Son élimination au premier tour fait tache.

4

LE CAMEROUN
Tristes artistes

Des menaces de grève pour des histoires de primes avant des matchs totalement ratés pendant, avec en point d'orgue une bagarre « fraternelle » sur le terrain entre Assou-Ekoto et Moukandjo. Le Cameroun s'est donné en spectacle, mais pas comme il l'espérait.

3

Luis
SUAREZ
Le cannibale

L'attaquant uruguayen de Liverpool avait tout pour devenir une star du Mondial. Mais plutôt que de mordre à pleines dents dans la compétition, il a préféré le faire dans l'épaule de l'Italien Chiellini. Une sortie pitoyable pour ce récidiviste notoire.

2

L'ESPAGNE
Rouge de honte

Tenante du titre mondial et double championne d'Europe, série en cours, elle s'est fait sortir en deux matchs secs et sans bavure. Une énorme déception pour une génération dorée arrivée en bout de course. Et la triste fin du tandem magique Xavi-Iniesta.

1

Thiago
SILVA
Capitaine fracassé

Une crise de nerfs en huitièmes avant les tirs au but contre le Chili, un carton jaune stupide en quarts, une casquette ridicule en demies pour assister de la tribune à l'effrayante humiliation des siens contre l'Allemagne. Un désastre personnel au cœur d'un naufrage collectif.

DEMONI
DUDENHOFEN
Castrol
Johnson&Johnson

VATRENI CHICAGO
BUJE
MAKARSKA
LOPATICE
LIVNO
NEW YORK

10
21
2
4

VISA

19

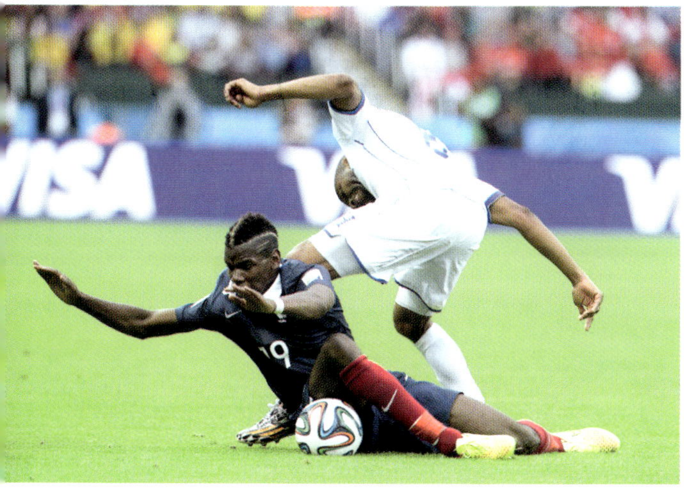
VISA

VISA

Ouverture
12 juin 2014, São Paulo : Brésil-Croatie. Match d'ouverture de la 20e Coupe du monde au Brésil à Sao Paulo, au moment des hymnes.

United Colors
Les fans sud-américains se sont fait entendre et remarquer tout au long de la compétition.

Le choc
13 juin 2014, Salvador : Pays-Bas-Espagne. Magnifique tête plongeante de Van Persie. Premier choc et premier coup de tonnerre !

Tirs au but
5 juillet 2014, Salvador : quart de finale, Pays-Bas-Costa Rica. L'angoisse des joueurs costariciens solidaires au moment des tirs au but.

Duel
15 juin 2014, Porto Alegre : France-Honduras. Face au Hondurien Wilson Palacios, le Français Paul Pogba livre un duel acharné pour récupérer le ballon.

Déséquilibré, le Turinois tombe sur le ballon qu'il bloque avec son genou gauche.

Tandis que Palacios s'échine à récupérer la balle, le milieu français tâche de conserver son équilibre.

Toujours au sol, Pogba conserve malgré tout le bénéfice du ballon.

Mimétisme
12 juin 2014, São Paulo : Brésil-Croatie. Les deux attaquants, Fred et Neymar, en pleine concentration, avant d'entrer dans leur Coupe du monde au Brésil.

adidas
LIGUE 1
predator
30

Coupes et championnat de FRANCE

PARIS INTOUCHABLE

Avec son effectif incomparable conduit par l'immense Zlatan Ibrahimovic, le PSG a survolé la Ligue 1, enlevant son second titre consécutif. Seul Monaco, l'autre nanti, lui a apporté un semblant de résistance. Quant à l'OM et l'OL, ils ont été en souffrance toute la saison.

C'est l'été de tous les coups de tonnerre. Deux énormes puissances financières, le Qatar et l'oligarque russe Rybolovlev, affolent le marché des transferts. Déjà assis sur un effectif impressionnant, le PSG perd son directeur sportif Leonardo et bientôt son défenseur emblématique Mamadou Sakho, qui filera à Liverpool pour 19 millions d'euros (record pour un joueur quittant la Ligue 1). Mais s'il récupère, un peu par défaut, Laurent Blanc pour succéder à Carlo Ancelotti parti au Real, il frappe fort en recrutant deux joueurs de Naples, l'attaquant uruguayen Cavani pour 64 millions d'euros et le jeune défenseur brésilien Marquinhos (19 ans) pour 35 millions, et le défenseur lillois Digne (19 ans) pour 15 millions.

Ce n'est rien à côté de l'effort consenti par Monaco qui retrouve la Ligue 1. Au total, le club princier dépensera 166 millions, record d'Europe devant le Real (163 millions). Porto en récolte 70 en échange du Portugais Moutinho et du Colombien James Rodriguez. Et c'est 60 millions que le club verse pour s'adjuger les services de celui que tous les grands d'Europe courtisent, l'attaquant uruguayen de l'Atletico Madrid Radamel Falcao. Comme si cela ne suffisait pas, voici Abidal qui débarque de Barcelone, Carvalho du Real Madrid, Toulalan de Malaga. L'ASM dépensera encore 20 millions en fin de mercato pour chiper à Séville un autre espoir, Kondogbia (20 ans), après avoir offert 5 millions à l'OL pour son jeune attaquant (17 ans) Martial.

Le club lyonnais est aux abois financièrement. Tout l'été, il tentera de se séparer en vain de ses attaquants Gomis et Briand. Lisandro, l'emblématique avant-centre, part, lui, au Qatar.

81,6 % DE OUI POUR PARIS

À l'instar de Lyon, Lille n'a plus un sou en caisse. Avec René Girard comme nouveau coach, il recrute seulement le défenseur danois de Wolfsburg, Kjær, mais perd Chedjou, son défenseur central, et son attaquant phare Payet.

Ce dernier file à Marseille, qui a décidé de devenir, selon son président Vincent Labrune, « le Dortmund de la L1 ». Payet ne part pas seul. Recruté au mercato d'hiver à Bastia, le grand espoir Thauvin (20 ans) se fera la belle à l'OM sans même avoir porté le maillot lillois. L'affaire fait grand bruit. Une somme de 13 millions console les Nordistes.

Marseille joue la carte jeunes. Il recrute Imbula à Guingamp pour 7 millions et fauche pour 5 millions un autre milieu de terrain prometteur, Lemina, à Lorient le dernier jour du mercato, provoquant une fracture entre le président Féry et l'entraîneur Christian Gourcuff.

Cavani – Falcao, deux « 9 » en or pour le PSG, Monaco et la L1 dans son ensemble.

Les autres clubs font ce qu'ils peuvent, c'est-à-dire du rafistolage. L'argent manque et tout le monde cherche à alléger sa masse salariale. Saint-Étienne cédera même son grand espoir Guilavogui à l'Atletico Madrid pour 12 millions.

Tout cela semble dessiner un scénario écrit d'avance. Dans *L'Équipe*, les acteurs de la Ligue 1 (joueurs, entraîneurs, présidents) pronostiquent à 81,6 % un nouveau sacre parisien.

Plus encore que pour la France, le PSG est programmé pour l'Europe qui débute à l'automne. Son début de saison est donc poussif. « L'équipe n'est pas à 100 % physiquement », constate Ibrahimovic après une entame compliquée à Montpellier (1-1).

Privé de perspectives européennes, Monaco vit au présent et prend les devants. Il s'impose (2-0) en fin de match à Bordeaux grâce à Rivière (82e) et Falcao (87e). « Notre succès n'est pas du tout un message envoyé à la Ligue 1 ; c'est bien trop tôt », tempère l'entraîneur Claudio Ranieri.

Large vainqueur de Nice (4-0), l'OL se rassure. Tout comme l'OM qui pulvérise Guingamp (3-1) en un quart d'heure au Roudourou (Gignac 2e et 16e, Payet 4e). L'entraîneur lyonnais Rémi Garde estime que « quatre buts, ça ne garantit rien » et son collègue marseillais, Élie Baup, qu'il y a « de nombreuses lacunes à corriger ». La suite ne leur donnera pas tort.

L'été est trompeur. L'OL s'impose à Sochaux (3-1) et l'OM bat Évian (2-0, encore Gignac et Payet). Vainqueur de Guingamp (1-0) après avoir dominé Ajaccio (1-0), Saint-Étienne compte également 6 points, tout comme Monaco qui lamine Montpellier (4-1, trois buts de Rivière).

Incapable de battre Ajaccio au Parc des Princes (1-1), le PSG compte déjà 4 points de retard. Avec 81 % de possession de balle et 37 tirs à 1, il a dû attendre la 86e minute pour égaliser par Cavani. « C'est presque un miracle d'avoir pris un point », reconnaît l'Ajaccien Pedretti. Blanc évoque « une différence de préparation, une frustration, une vraie déception ».

MONACO REFROIDIT L'OM

C'est chez lui et à huis clos (conséquence d'un envahissement de terrain en Ligue 2) que Monaco lâche ses premiers points contre Toulouse (0-0). C'est à Nantes que Paris décroche son premier succès (2-1, buts de Cavani et Lavezzi). « Même si elle a été acquise dans la douleur, j'espère que cette victoire est la première d'une longue série », déclare Blanc.

Encore sonné par une défaite à domicile contre la Real Sociedad en Coupe d'Europe, Lyon s'incline (1-0) chez lui contre Reims

Au Vélodrome, Rivière devance Mendy et c'est l'OM qui prend l'eau.

(la seconde période a été interrompue trente-cinq minutes par un orage). Saint-Étienne chute (1-0) à Lille au bout d'un pauvre match. « Si vous avez l'habitude de ne voir que des matchs du siècle, tant mieux pour vous », tempête Girard dans un leitmotiv que l'on n'a pas fini d'entendre. L'OM prend donc seul les commandes. C'est Gignac qui inscrit (84e) l'unique but d'une petite victoire à Valenciennes.

Encore au Diesel, Paris frôle le pire lors de la quatrième journée chez lui contre Guingamp. C'est dans le temps additionnel que Rabiot (90e+1) et Ibrahimovic (90e+3) font la différence. Réaction de Blanc : « On avait prévu de souffrir en début de saison. Sur le plan comptable, ce n'est pas si mal. »

Un de chute pour l'OM en revanche. Il s'incline au stade Vélodrome contre Monaco (2-1). Falcao et Rivière sont encore les buteurs du soir. Ranieri joue profil bas : « Je n'ai fait aucune prévision avant le début du championnat. Je suis encore curieux de savoir comment mon équipe va se comporter. » Garde n'est pas curieux, mais tracassé. Après la défaite de l'OL à Évian (2-1), il soupire : « Si on joue comme ça, je suis inquiet pour la suite. »

Seuls Paris et Monaco sont invaincus. Ils le restent après la cinquième journée, laquelle suit une trêve internationale. Le PSG s'impose à Bordeaux (2-0). Blanc est taquin : « Ça prouve que l'entraîneur ne sert pas à grand-chose. J'ai récupéré les joueurs la veille à 18 heures et voyez le résultat. C'est notre match le plus abouti. »

Monaco bat difficilement Lorient (1-0) sur un penalty de Falcao (6e). « Les Monégasques étaient à la peine », constate avec regret Gourcuff. « Je suis d'accord, lui répond Ranieri. Lorient avait une occasion de gagner à Monaco. »

Malgré le retour de Gomis, Lyon souffre contre Rennes (0-0). « Il faut arrêter de nous voir plus beaux que ce qu'on est », déclare Garde dépité. Quant à Lille, il s'incline chez lui contre Nice (2-0) dans un match absolument pas prémonitoire de ce que sera la suite de sa saison.

RANIERI LA JOUE MODESTE

Mais voici que sonne l'heure du grand choc PSG-Monaco. « Paris est favori, mais on a peur de personne. On est Monaco quand même », affirme Ranieri.

Magistralement lancé par un but d'Ibrahimovic (5e), l'affrontement s'achèvera, au score en tout cas (1-1), dès l'égalisation de Falcao qui devance Camara, tout juste rentré pour suppléer Thiago Silva blessé (16e). Monaco a souvent été en difficulté, mais la question de la suprématie sur la L1 n'est pas tranchée. Blanc évoque « deux belles équipes et deux entraîneurs qui ont voulu gagner jusqu'à la fin ». Ranieri la joue encore modeste : « Paris a beaucoup de champions avec de l'expérience. Nous, nous sommes jeunes. Il y a encore beaucoup de chemin à faire. »

Mister Ranieri.

Comme Saint-Étienne a perdu chez lui face à Toulouse (2-1), Monaco (14 points) et Paris (12 points) prennent enfin les devants du classement. Nice, qui a inauguré son nouveau stade, l'Allianz-Riviera, par une large victoire contre Valenciennes (4-0), est 5e (11 points) derrière Saint-Étienne (12 points) et l'OM (11 points, après deux tristes nuls à Toulouse et Bastia).

L'OM respire mieux au terme d'un succès (2-1) sur Saint-Étienne. Les jeunes ont frappé. Mendy (22e) et Imbula (26e) sont les deux buteurs du jour. « Avant le match, on nous parlait de crise. C'est pas mal pour une crise, non ? » ricane Valbuena.

Girard, lui, est sérieux quand il affirme après un succès sur Évian (3-0) : « Je ne dis pas qu'on va être champions de France, mais on a de quoi réaliser de belles choses. »

Des tendances lourdes se dessinent. Monaco étrille Bastia (3-0). « C'est trop tôt pour dire qu'on a envoyé un signe », tempère Ranieri. Paris s'impose péniblement à Valenciennes (1-0). « Un succès dans la douleur », concède Blanc.

Ajaccio remporte sa première victoire (2-1) sur un triste OL, et l'entraîneur de Sochaux, Éric Hély, démissionne après un nouvel échec à Guingamp (5-1). Il est remplacé par Hervé Renard.

Lancé comme une fusée, Paris n'attend plus que l'opportunité de prendre les devants. Sa pâle victoire (2-0) sur Toulouse lui permet de revenir à hauteur des Monégasques tenus en échec à Rennes (1-1). Alex, Thiago Silva, Cavani, Lavezzi et Matuidi étaient sur le banc. « On peut mieux faire en termes d'efficacité », estime Blanc.

Secoué par Lille sur son terrain, l'OL s'en sort bien (0-0). « On est satisfaits. On n'a pas trop eu le ballon », commente le capitaine lyonnais Gonalons. Bizarrement, Valbuena est beaucoup moins satisfait après la victoire de l'OM à Lorient (2-0) : « Dans le contenu, ce n'était pas super. L'état d'esprit n'était pas bon. »

L'INCROYABLE BUT DE ZLATAN

La réception du PSG ne s'annonce pourtant pas si mal pour les Olympiens, tapis à un point seulement des Parisiens. Mais la foudre leur tombe sur la tête. Tout semble pourtant leur sourire quand l'arbitre, M. Turpin, leur accorde un penalty et expulse Thiago Motta pour une faute peu évidente sur Valbuena. André Ayew donne l'avantage aux siens (34e). Blanc sort Lavezzi et fait rentrer Rabiot. Et Paris prend les commandes du match. Maxwell devance Mandanda pour égaliser de la tête (45e) puis Zlatan marque sur penalty après une faute d'André Ayew sur Marquinhos (66e). Blessé, le Suédois sort à la 76e minute, mais Paris tient son butin.

Blanc évoque « beaucoup d'émotion et de tension. On a essayé d'être conquérants, ça nous a porté bonheur ». Comme la veille Monaco a battu Saint-Étienne (2-1), les deux ténors restent au coude-à-coude : 4 points devant Lille et l'OM et 10 devant l'OL qui a explosé à Montpellier (5-1). « Oui, je me sens en danger », confesse Garde.

Armer.

Ce n'est pas le match nul (1-1) concédé dans la foulée contre Bordeaux qui peut le rassurer. Heureusement, encore, que Briand a égalisé dans le temps additionnel (90e+1).

Le fait marquant de cette dixième journée n'est pas la défaite de l'OM à Nice (1-0) pas plus que la victoire de Lille à Montpellier (1-0), avec un huitième match consécutif sans prendre de but pour les Nordistes.

Ce qui marque les esprits, c'est bel et bien la prise de pouvoir du PSG, large vainqueur de Bastia (4-0) avec six joueurs français sur la pelouse au coup d'envoi (Jallet, Matuidi, Digne, Rabiot, Ongenda, Ménez) et un premier but d'anthologie de Zlatan qui mystifie Landreau d'une reprise de volée en extension du talon. Comme Monaco a été tenu en échec à Sochaux (2-2), Paris s'installe sur la première marche du podium et ne la quittera plus.

Jusqu'à la trêve hivernale, la situation reste toutefois tendue. Autant que Monaco, Lille semble désormais représenter une menace. Vainqueur à Nantes (1-0 évidemment), il se retrouve à 2 points seulement des géants après le faux pas du PSG à Saint-Étienne (2-2). Matuidi a égalisé dans le temps additionnel (90e+3), après que son équipe a été menée 2-0. « Si le PSG n'a pas été bon, c'est aussi à cause de Saint-Étienne, reconnaît Blanc. C'est finalement un bon résultat pour nous. »

Les désastres du jour se déroulent à Marseille et Toulouse. L'OM s'incline à domicile devant Reims (3-2) avec cette réflexion de José Anigo, le directeur sportif : « Baup est un bon entraîneur. Je ne peux que lui réitérer notre soutien. Il a notre confiance. »

« Beaucoup d'émotion et de tension. On a essayé d'être conquérants, ça nous a porté bonheur.

LAURENT BLANC

Le Téfécé se fait atomiser chez lui par Rennes (5-0). Le gardien Ahamada a été catastrophique.

À mille lieues de tous ces soucis, Girard ricane : « Les dieux du foot sont avec nous. Mais j'ai l'impression que Paris est devant avec 20 points d'avance depuis le temps qu'on parle de leur titre. On s'accrochera le plus possible. »

Aussitôt dit, aussitôt fait. Monaco repart groggy et défait de Lille (2-0, un doublé de Roux). « C'est notre meilleur match de la saison dans la plénitude et l'intensité ; on a franchi un cap », constate Girard.

Paris saute sur l'occasion. Il pulvérise Lorient (4-0) sans Ibra, blessé. Commentaire de Christian Gourcuff : « On s'en sort bien à 4-0. » Commentaire de Rabiot : « J'ai l'impression que l'on est invincibles. »

Frapper.

Accompagner.

Le Lillois Enyeama survole les débats.

ENYEAMA PISTE HUARD

Fabrizio Ravanelli ne l'est pas vraiment. Après une défaite à domicile contre Valenciennes (3-1), l'entraîneur italien est viré et remplacé par Christian Bracconi. Ses méthodes de préparation destructrices et son règlement intérieur trop strict étaient totalement inadaptés au club corse.

La vie de coach n'est pas de tout repos. Prenez Francis Gillot, le Bordelais, secoué après une cruelle défaite (3-0) à domicile face à l'ennemi héréditaire nantais : « On doit mener 3-0 à la mi-temps et une demi-heure plus tard, on perd 3-0. C'est complètement illogique », se lamente-t-il.

Prenez Ranieri, tourmenté après un nul à domicile (1-1) contre Évian. « Évian méritait plus, donc c'est un bon point. On a trop mal joué », déplore-t-il.

Ça va en revanche très bien pour Laurent Blanc. Un triplé d'Ibra offre un nouveau succès au PSG (3-1) face à Nice, où le gardien novice Luca Veronese connaît un drôle de baptême du feu.

Paris est sur un nuage. Le 23 novembre, il s'impose facilement à Reims (3-0), où il avait connu le 3 mars 2013 sa dernière défaite toutes compétitions confondues. « Le PSG est plus fort que Monaco et Lille. C'est une évidence », déclare l'entraîneur rémois Fournier.

Mais puisque Monaco s'impose à Nantes (1-0) et que Lille bat Toulouse (1-0), au classement le trou n'est pas encore béant. Dauphin à 4 points du leader avec une équipe qui a encaissé quatre buts seulement en quatorze matchs, Girard est narquois : « On est une petite équipe avec des petits joueurs. Le but est d'accompagner Paris le plus longtemps possible sans lui faire trop d'ombre. »

Lille est le roi des gagne-petit. Il s'impose à Valenciennes (1-0, but de Rodelin) sur son unique occasion du match. Son gardien Enyeama n'a plus encaissé de but depuis 945 minutes. Le record du Bordelais Gaëtan Huard (1 176 minutes en 1993) n'est plus inaccessible.

Monaco s'impose devant Rennes (2-0). Le second but est l'œuvre du jeune Martial, son premier en L1. Pas de quoi inquiéter Paris qui explose Lyon (4-0). « La défaite est logique. On ne joue pas dans la même cour que Paris », déclare Garde.

Le coup de gueule du jour revient à Loulou Nicollin, qui déclare après une défaite (2-0) de Montpellier à Marseille : « J'ai fait une connerie en recrutant Fernandez. S'il ne comprend pas, il me donne sa démission et voilà. » Du Loulou pur jus. Après une nouvelle défaite à domicile contre Lorient (2-0), Jean Fernandez, 603 matchs de L1 au compteur, sera viré et remplacé par Rolland Courbis avec cette sentence de Nicollin : « On ne sait plus jouer au ballon. On n'a plus d'équipe. »

BAUP LOUANGÉ ET VIRÉ

Ça ne va pas fort non plus pour Élie Baup. L'OM s'incline à Lille (1-0 évidemment, but de Roux à la 90e+2). Enyeama a été formidable. Il a dépassé la barre des 1 000 minutes d'invincibilité et n'est plus qu'à 141 minutes de Huard. « C'est injuste, cruel, difficile à accepter », se lamente Baup. La défaite suivante, à domicile contre Nantes (1-0), lui sera fatale. C'est la première fois depuis 2007 que l'OM limoge un entraîneur en cours de saison. Le directeur sportif José Anigo prend le relais à la demande du président Labrune qui porte ce jugement sur Baup : « Il est compétent, loyal, honnête, droit et digne. » Comprend qui peut.

Tandis que Monaco s'impose aisément à Nice (3-0), Paris

« Le PSG est plus fort que Monaco et Lille. C'est une évidence.

HUBERT FOURNIER

Baup de plus en plus inquiet.

UN DERBY de feu

Les protestations du président Aulas n'y changent rien. C'est sans ses supporters que l'OL se déplace à Saint-Étienne pour le compte de la treizième journée. Avant la rencontre, l'entraîneur des gardiens lyonnais, Joël Bats, enflamme le Chaudron en accrochant une écharpe de son club dans les filets. À la fin de la rencontre, un vif incident oppose Ruffier, le gardien des Verts, et le président Aulas. Entre-temps, l'OL, où débute le jeune gardien Mathieu Gorgelin, a réussi le hold-up parfait (2-1) grâce à un but de Briand dans le temps additionnel (90e+3). Privés à leur tour de leurs supporters, les Verts se vengeront à Gerland (2-1) quelques mois plus tard au bout d'une soirée marquée de nouveaux coups de chaud sur le terrain et dans les vestiaires à l'issue de la rencontre.

dérape pour la première fois de la saison à Évian (2-0) au bout d'une série de 36 matchs officiels sans défaite. L'entraîneur savoyard Dupraz fait le show : « C'est une soirée mitigée car mon équipe manque de constance. Ça ajoute à ma colère. Quand je les vois disputer des matchs comme ça, je me dis que mes joueurs sont pénibles. »

Voilà Lille revenu à 1 point et Monaco à 2 alors qu'il reste trois rencontres à disputer avant la trêve.

C'est ici, et sous les yeux de Huard, consultant de terrain pour beIN Sports, que Enyeama brise sa série, au bout de 1 061 minutes, quand un tir du Bordelais N'Guemo est dévié dans son propre but par Kjær. « Les records s'arrêtent toujours sur un but pourri », commente le toujours recordman. Lille s'incline (1-0) pour la première fois depuis douze journées. « On a fait un non-match », râle Girard. Un résultat qui profite à Monaco, difficile vainqueur d'Ajaccio (1-0), et au PSG, qui atomise Sochaux (5-0). « On était agacés après la défaite à Évian », explique Blanc.

Pas question, du coup, de rater le déplacement suivant. À Rennes, le PSG s'impose sans trembler (3-1). Monaco a beau jouer sans Falcao, il ne se démonte pas et s'impose sans problème à Guingamp (2-0, buts des gamins Martial et Kurzawa). « J'aimerais voir mes joueurs évoluer comme ça toute la saison. L'histoire ne fait que commencer. » On l'a compris, Ranieri est heureux. Beaucoup plus que Courbis qui, pour son premier match, s'incline à domicile contre Saint-Étienne (1-0), et un peu plus qu'Anigo, soulagé malgré tout après un match nul inespéré à Lyon pour ses débuts. L'OL a mené 2-0 et Mandanda a fait des miracles pour limiter les dégâts en première mi-temps. Ensuite, Gignac et Thauvin ont remis l'OM à flot (2-2).

Il reste une journée à disputer avant la fin de l'année et comme les choses sont bien faites, Lille se rend à Paris avec seulement 4 points de retard sur le leader. La défaite à domicile de Monaco contre Valenciennes (2-1) n'a pas attristé les deux rivaux. « Valenciennes a eu plus de chance en un seul soir que durant toute la saison », juge Ranieri.

Pourquoi Monaco n'a-t-il pas fait 2-2 ? C'est un mystère, car au stade Vélodrome, après avoir été mené 2-0 par Bordeaux, l'OM égalise en une minute par Romao (73e) et Gignac (74e) pour arracher le nul (2-2). C'est sur ce même score que se termine Lorient-OL (2-2). Garde enrage : « La seconde mi-temps me reste en travers de la gorge. On s'est grisés. Je suis en colère. »

CABAYE ET BERBATOV EN RENFORT

2-2, c'est également le score de PSG-Lille. Paris a tiré au but cinq fois plus que le LOSC, mais c'est le défenseur nordiste Basa qui lui a offert l'égalisation contre son camp (72e). Blanc est partagé entre « les regrets et la satisfaction d'être revenu au score ». Il concède que « Lille est très difficile à jouer ». Girard avoue également « des regrets », mais se dit « très fier » de ses joueurs.

Place aux vacances. Paris est en tête devant Monaco et Lille. Valenciennes, Sochaux et Ajaccio occupent les trois dernières places. Il reste 19 matchs à jouer. Comment imaginer que les positions sont définitivement figées ?

Janvier est le mois des ajustements dans les effectifs. Par ordre chronologique, c'est Niang (Milan AC, 19 ans) qui ouvre le bal. Il arrive à Montpellier, où son premier fait d'armes est d'emboutir sa Ferrari dans un autre véhicule, ce qui lui vaudra un passage par le tribunal, peine de prison avec sursis à la clé. Le globe-trotter Djibril Cissé retrouve la L1, à Bastia après un passage raté à Krasnodar (Russie). Hoarau en rupture de Chine débarque à Bordeaux. Saint-Étienne (qui cède son défenseur Ghoulam à Naples et vend préventivement son grand espoir Kurt Zouma, 19 ans, à Chelsea) attire Trémoulinas, exilé à Kiev et... Guilavogui, prêté par l'Atletico Madrid. Monaco enrôle le Toulousain Abdennour et le Bulgare Berbatov (95 buts en Premier League) qui supplée Falcao, dont la saison est terminée après une grave blessure en Coupe de France. Quant au PSG, il attire le milieu de terrain de Newcastle Yohan Cabaye.

Sur les pelouses, c'est le Stéphanois Hamouma qui inscrit le premier but estampillé 2014 lors d'un match en retard contre Évian (1-0). Monaco déçoit à Montpellier (1-1). « On n'a pas été très performants dans le jeu », reconnaît Toulalan. Le PSG n'est guère plus brillant à Ajaccio, où il est mené avant de s'imposer (2-1) grâce à deux passes décisives lumineuses d'Ibrahimovic. « Ce fut laborieux », concède Blanc.

Tandis que l'OM gagne à Évian (2-1), Lille craque à domicile contre Reims (2-1). « Reims n'a pas fait un grand match, râle Girard. C'est la preuve que nous n'avons pas de marge. » La défaite des Lillois à Saint-Étienne (2-0), expulsion de Balmont à la clé pour avoir traité l'arbitre de « bidon », confirme l'impression de Girard, même si Galtier concède : « Je ne suis pas sûr que nous soyons meilleurs que Lille. »

Cabaye, le milieu que Blanc attendait.

Tandis que Monaco renoue avec la victoire à Toulouse (2-0), le PSG explose Nantes (5-0 et 908 passes dont 837 réussies, record de la L1 battu). « Et en plus, constate l'entraîneur nantais Der Zakarian, le PSG a joué en marchant. Il est bien au-dessus du grand OL des années 2000. »

QUAND LILLE PERD LE NORD

Deux journées ont suffi pour écarteler la tête du classement. Paris compte désormais 5 points d'avance sur Monaco et 10 sur Lille, encore freiné à domicile par Rennes (1-1). Le PSG ne fait pas mieux à Guingamp où, sur une pelouse indigne, il frôle la catastrophe quand Yatabaré ouvre le score en fin de match (84e). Mais Alex arrache l'égalisation (87e, 1-1). Thiago Motta est lucide : « Il faut admettre que nous avons créé peu de danger. » La bonne opération est donc pour Monaco qui bat l'OM (2-0). Ranieri se lâche : « Paris doit gagner le titre, mais si le PSG commet quelques erreurs on doit être prêt pour faire quelque chose. » Le président Labrune est quant à lui dubitatif : « Comment expliquer cette défaite et toutes les lacunes vues dans le jeu ? » Après vingt-deux journées, l'OM est 9e à 19 points du PSG. Il remporte son match en retard contre Valenciennes (2-1), mais bute ensuite sur Toulouse (2-2) et peine à revenir sur les places européennes.

La faiblesse de l'OM, l'irrégularité de Saint-Étienne et de l'OL, qui ont du mal à enchaîner les séries de victoires, profitent à Lille. En dépit d'un nouveau revers à Nice (1-0), le LOSC conserve sa troisième place au sortir d'un éprouvant mois de janvier. « En 2013, on gagnait ; en 2014, on perd. J'avais des guerriers. Il va falloir que je les retrouve », déclare Girard.

Victorieux de Bordeaux (2-0), avec, après coup, ce constat du gardien girondin Carrasso : « Paris monopolise la balle, c'est fatigant », le PSG profite du match nul de Monaco à Lorient (2-2) pour s'échapper de nouveau. « À Monaco, on ne sent pas la même maturité technique qu'au PSG », juge Christian Gourcuff. Et Ranieri semble jeter l'éponge : « Paris avait déjà gagné le titre avant d'avoir débuté la saison. »

MONACO BÉNIT KURZAWA

En fait, l'entraîneur monégasque cherche surtout à ôter un peu de la pression qui pèse sur les siens avant le match retour contre les Parisiens. Un match qui laisse les choses en l'état (1-1). Pastore a ouvert le score (8e), Paris a dominé la première période avant de lâcher un peu de lest et d'offrir l'égalisation aux Monégasques sur un but contre son camp de Thiago Silva (74e). Abidal est prudent : « Nous avons fait deux nuls contre le PSG. De là à dire que nous sommes une grande équipe, je ne sais pas. » « Face à des extraterrestres, c'est un bon match », avance Ranieri.

Franche semelle du Rémois Aïssa Mandi sur le Monégasque Layvin Kurzawa.

Comme Lille a enfin renoué avec le succès contre Sochaux (2-0), les Nordistes ne sont plus « qu'à » 6 points de Monaco et 11 de Paris. Juste le temps pour les Lillois de se faire accrocher à Évian (2-2), pour Monaco de s'imposer à Bastia (2-0), sans Abidal relégué en tribune, et pour Paris de se défaire tranquillement de Valenciennes (3-0). « Ce n'était pas forcément fantastique, mais on a fait ce qu'on avait à faire », explique Ibra.

Le fait est que depuis la reprise, hormis l'écrasant succès contre Nantes, Paris ne donne plus la même impression de facilité qu'à l'automne. Et s'il s'impose largement à Toulouse après avoir plus souffert que ne l'indique le score (4-2), c'est par la magie d'un certain Zlatan auteur d'un triplé. Il en est à 37 buts en 36 matchs officiels. Un Ibra qui marque des points pour le classement de la meilleure déclaration de l'année : « Le terrain était très mauvais. Je ne sais pas ce que c'était. Ce n'était pas vert et ça ne ressemblait pas à du gazon. »

À Monaco, où le terrain est meilleur, l'équipe de Ranieri souffre mille morts pour se défaire de Reims réduit à dix et vaincu (3-2) à l'extrémité du temps additionnel sur un but du prolifique défenseur Kurzawa (90e+5). « Reims ne méritait pas de perdre ce match », reconnaît Ranieri avec fair-play.

Moins ouvert est l'affrontement entre Lille et Lyon (0-0). Il permet en tout cas à Girard de marteler : « On a retrouvé Lille. Pour ceux que ça déçoit, on est toujours 3e. »

Mais Saint-Étienne, victorieux à Bastia (2-0), n'est plus qu'à 1 point et l'OM à 3 points seulement. Seulement les Marseillais doivent maintenant se rendre à Paris. La veille du clasico, Monaco s'est incliné à Saint-Étienne (2-0). « On n'a pas perdu le titre, car seul le PSG peut le perdre », rumine Ranieri.

LYON QUI RIT, LYON QUI PLEURE

Et le PSG n'a pas envie de le perdre, surtout contre son meilleur ennemi. Deux buts de Maxwell (50e) et Cavani (79e), de retour dix minutes plus tôt après un mois d'absence pour blessure, scellent logiquement l'affaire. C'est la première fois qu'une équipe de L1 possède 64 points après vingt-sept journées. Anigo ne se voile pas la face : « Le PSG est au-dessus de l'OM. C'est une équipe de C1. »

Paris possède maintenant 9 points de plus que Monaco et 15 de plus que Lille, qui s'est imposé à Ajaccio (3-2) grâce à un solide coup de pouce de l'arbitre et à un triplé de Kalou. « On peut avoir honte de notre prestation », tonne Girard.

Il est de nouveau de bonne humeur une semaine plus tard après un succès contre Montpellier (2-0) conjugué à la défaite de Saint-Étienne à Lorient (1-0) sur un penalty ultime d'Aliadière (90e). Balmont imite son entraîneur : « Depuis quelques semaines, j'entends que Lille est en train de dégringoler. C'est bien. Il faut en jouer et s'en nourrir. » Lille possède 4 points d'avance sur les

Cheyrou convoite le ballon
parfaitement protégé
par le Rennais Alessandrini.

Le record de LANDREAU

Lors de la quinzième journée, à Furiani contre Évian (2-0), le gardien de Bastia Mickaël Landreau (35 ans) dispute son 602e match en Ligue 1. Sa série avait justement débuté à Bastia sous le maillot nantais alors qu'il n'avait que 17 ans en octobre 1996. Il égale le record détenu par l'ancien gardien de Monaco Jean-Luc Ettori. Il le battra quelques jours plus tard dans une sinistre ambiance lors d'un match contre Ajaccio (1-1) disputé à huis clos à Fos-sur-Mer, le terrain des Ajacciens étant suspendu. Il mettra un terme à sa carrière à la fin de la saison après avoir porté le record à 618 matchs.

Verts et 6 sur l'OL, auteur du coup de l'année à Bordeaux. Les hommes de Garde égalisent puis s'imposent dans le temps additionnel (2-1) grâce à Bedimo (90e+1) et Tolisso (90e+4). Réaction de Gillot : « Il faut l'avaler. » Réaction de Garde : « C'est bizarre, mais c'est comme ça. »

Et réaction d'Anigo après une défaite à domicile contre Nantes (1-0) : « Je ne peux pas être en colère. Je n'en veux à personne. » À l'évidence, le coach olympien a déjà la tête ailleurs.

Après avoir battu Sochaux (2-1), Monaco gagne à Lyon (3-2). Seul problème, les trois buts monégasques étaient entachés d'une position de hors-jeu. L'arbitre M. Fautrel est accablé : « Ce soir, il y a deux garçons (ses assistants) très mal dans le vestiaire et une équipe arbitrale abattue. »

ANIGO SE CASSE LES DENTS

Après s'être baladé à Bastia (3-0), le PSG s'impose contre Saint-Étienne (2-0, un doublé d'Ibra). « C'était évident que Zlatan allait entrer dans l'histoire du PSG », affirme Blanc. Si Lille, tenu en échec par Nantes (0-0), compte 5 points d'avance sur les Verts, il est maintenant à 9 points de Monaco et à 17 de Paris. Cette fois-ci l'argent fait la loi.

Derrière les deux géants, c'est une sorte de championnat à dix-huit clubs qui se joue. Lille son leader revient de Monaco avec un match nul en poche (1-1) pendant que Saint-Étienne écarte Sochaux (3-1) et que l'OL s'impose à Guingamp (1-0). Ce qui fait fantasmer et soupirer le président Aulas. « Si on pouvait à nouveau jouer la Ligue des champions… » À 2 points des Verts et 5 de Lille après trente journées, l'OL peut effectivement croire en son étoile, contrairement à l'OM qui s'effondre chez lui contre Rennes (1-0). Anigo est abattu : « Élie Baup avant moi a essayé différentes formules. Il s'est cassé les dents et je suis en train de casser les miennes. »

Laurent Blanc montre plutôt les siennes. Après s'être imposé péniblement à Lorient (1-0), il affirme : « On ne prétend pas gagner tous nos matchs 4-0. » Paris file ensuite à Nice où, juste avant de défier Chelsea, il s'impose sur le même score (1-0, but de Kolodziejczak contre son camp). « Face à Chelsea, c'est sûr, il faudra faire un autre match », concède Blanc.

En attendant, le PSG s'envole. Battu à Évian (1-0), Monaco est désormais à 13 points de l'omnipotent leader, mais conserve 6 points d'avance sur Lille, victorieux de Guingamp (1-0, but de Kalou dans le temps additionnel), et 9 sur Saint-Étienne, qui prend sa revanche sur l'OL en s'imposant à Gerland (2-1). « Depuis le début, je dis que ça va être difficile et qu'il faut regarder derrière », insiste Toulalan légèrement inquiet.

Dans ce match dans le match, c'est Saint-Étienne qui semble craquer. Il ne doit qu'à un penalty de Gradel dans le temps additionnel d'éviter la défaite à domicile face à Nice (1-1). « Notre jeu a été très pauvre sur le plan technique », concède Galtier. Lille en revanche se promène à Toulouse où il mène 2-0 quand deux de ses joueurs, Béria (68e) et Souaré (69e), se font expulser. La suite est plus difficile, mais le LOSC tient bon (2-1). Girard est chaud bouillant : « L'arbitrage ? Si je parle comme d'habitude, je vais me faire assassiner. Disons qu'il fut à sens unique. »

Aucun souci en revanche pour le PSG qui bat Reims (3-0, dont deux buts du Rémois Mandi contre son camp) et pour Monaco qui écarte Nantes (3-1).

À Marseille, c'est sous les yeux de l'Argentin Marcelo Bielsa – et sous un vent de fronde des supporters – qu'Ayew marque les trois buts de la victoire contre Ajaccio (3-1). Celui que l'on surnomme « el Loco » (« le Fou ») succédera quelques semaines plus tard à Anigo.

RENNES GÂCHE LA FÊTE

La présence de Bielsa fait du bien aux Olympiens. Il est encore là pour suivre leur succès à Montpellier (3-2). La victoire de Monaco à Rennes (1-0) vaut surtout par une petite phrase pleine d'humour de Ranieri : « Pourquoi j'effectue autant de changements ? Je veux voir quels joueurs je peux garder pour l'année prochaine. »

Autre déclaration symptomatique, celle de Girard après un succès lillois à Valenciennes (1-0 évidemment) : « Nous n'avons pas une grande efficacité, mais une efficacité quand même. » Lille a inscrit 38 buts en 33 matchs. « Lille terminera 3e », estime le Stéphanois Lemoine après le succès des Verts à Reims (2-1).

Quant au PSG, tout juste éliminé de la C1, il concède à Lyon (1-0) sa seconde défaite de la saison au bout d'une cruelle semaine : « On pensait avoir évacué l'élimination, mais vu le match qu'on a fait, ce n'est pas le cas. On aurait pu jouer longtemps sans marquer », soupire Blanc. Plus que jamais Paris est orphelin de Zlatan.

Il peine d'ailleurs, quatre jours après avoir empoché la Coupe de la Ligue, pour se défaire d'Évian (1-0). Matuidi évite le pire en toute fin de rencontre (89e). « Le seul effort fourni a été d'entrer sur le terrain, peste Blanc. Il y a du relâchement. »

Puisque trois jours plus tôt Monaco a battu Nice (1-0), le PSG malgré ses 10 points d'avance n'est toujours pas champion : il reste quatre journées. Et il ne l'est pas plus après son match nul à Sochaux (1-1, but de Thiago Silva contre son camp), Monaco s'étant promené à Ajaccio (4-1). Incontestablement, la machine parisienne est déréglée : « On est très déçus, déclare Blanc, mais

Marcelo Bielsa prépare son audit.

Cavani cherche le penalty contre Lyon.

« On pensait avoir évacué l'élimination, mais vu le match qu'on a fait, ce n'est pas le cas. On aurait pu jouer longtemps sans marquer.

LAURENT BLANC

on était trop moyens pour gagner ce match-là. » « Nous sommes des êtres humains, pas des robots », ajoute Sirigu.

Derrière les deux monstres, Lille, qui bat Bordeaux (2-1), est toujours là. À trois journées du but, les Lillois possèdent 7 points d'avance sur Saint-Étienne, victorieux à Évian (2-1). La victoire qui suit contre Montpellier (2-0) assure aux Verts la Ligue Europa puisque l'OM, en dépit d'un joli soubresaut contre l'OL (4-2), reste 6e à 7 points des hommes de Galtier. C'est désormais entre l'OL et l'OM que se jouera la dernière place européenne.

Paris n'a pas ce genre de soucis. Monaco tenu en échec par Guingamp (1-1), c'est donc avant même d'entrer sur la pelouse du Parc des Princes que le PSG apprend qu'il est sacré champion. Heureusement pour les Parisiens, véritablement à la dérive et qui sont de nouveau battus par Rennes (2-1), que l'on avait vu si minable quatre jours plus tôt en finale de Coupe de France. L'entrée en jeu trop tardive d'Ibrahimovic en seconde période n'y a rien changé.

PSG ET LA RÉVOLUTION DE 89

Du coup, c'est dans une ambiance morose que les Parisiens fêtent leur titre devant des tribunes en grande partie désertées. « C'est une grande saison, rappelle Matuidi. Dommage qu'elle ne finisse pas sur une bonne note. » « Personne ne peut nous arrêter dans notre grand projet », clame le président Al-Khelaïfi. C'est le quatrième titre de l'histoire du PSG et le second d'affilée, ce qui ne s'était plus vu depuis l'OL 2007 et 2008.

Ibra est présent au coup d'envoi du match suivant qui voit le PSG s'imposer à Lille (3-1), une défaite qui met les Nordistes dans l'embarras. À une journée de la fin, ils n'ont plus que 2 points d'avance sur Saint-Étienne qui s'impose à Nantes (3-1). La 3e place redevient un enjeu, tout comme la 5e, qualificative pour la Ligue Europa, puisque Lyon s'incline à domicile contre Lorient (1-0). La très sévère expulsion du défenseur lyonnais Dabo dès la 11e minute a pesé lourd. « Les interprétations des arbitres ne nous ont pas été très favorables cette saison, mais on se battra jusqu'au bout », déclare Garde.

Une 5e place dont l'OM, qui fait match nul à Bordeaux (1-1), peut encore rêver. Mais l'ultime journée ne change rien au classement. Saint-Étienne s'impose contre Ajaccio (3-1) quand, dans le même temps, Lille explose Lorient en Bretagne (4-1). L'OM se défait de Guingamp (1-0), mais Lyon s'impose à Nice (1-0) avec ce commentaire de Garde : « Les joueurs ont été héroïques. »

Abdallah (Évian) versus J. Ayew (Sochaux), deux joueurs marseillais prêtés, luttent pour éviter la relégation.

LA VALSE des entraîneurs

Rarement les bancs avaient connu pareille ébullition en fin de saison. À Lyon, Rémi Garde jette l'éponge et laisse sa place à Hubert Fournier qui arrive de Reims. Jean-Luc Vasseur quitte Créteil (Ligue 2) pour le remplacer. À Marseille, c'est José Anigo qui se retire. L'Argentin Marcelo Bielsa débarque. Bordeaux rêve longtemps de Zinedine Zidane pour succéder à Francis Gillot. C'est finalement Willy Sagnol qui quitte la Direction technique nationale pour lui succéder. Comme son ancien partenaire chez les Bleus, Claude Makelele se lance dans l'aventure. Il quitte le PSG pour Bastia qui se sépare de Frédéric Hantz. À Lorient, Christian Gourcuff, en froid avec son président, se retire. Son adjoint Sylvain Ripoll prend le poste. À Monaco, Claudio Ranieri ne survit pas à son excellent bilan. L'actionnaire russe lui préfère le Portugais du Sporting Lisbonne Leonardo Jardim.

De son côté, Évian sort largement vainqueur (3-0) à Sochaux du match de la peur marqué par un mano a mano verbal entre les entraîneurs Dupraz et Renard, deux Savoyards au sang chaud. Condamné à la Ligue 2, Sochaux est l'équipe qui a le plus souvent évolué en L1 depuis 1932-1933 et la création du professionnalisme, avec 66 participations. Dupraz jubile : « Nos footballeurs savent lire. Ça les a galvanisés de savoir que toute la France du foot considérait avant le coup d'envoi qu'Évian rejoindrait la Ligue 2. »

Quant au PSG, il termine sur une bonne note en pulvérisant Montpellier (4-0). Cette fois la fête prend vraiment tout son sens. Avec 89 points, Paris explose le record du plus grand nombre de points inscrit par un champion en Ligue 1 que l'OL 2005-2006 détenait avec 84 points. « On a mis la barre très haut, affirme Laurent Blanc. Si l'on veut faire mieux l'année prochaine, ça va être compliqué. »

Ainsi va la vie de ce grand champion que son état de fortune condamne encore et toujours à l'excellence.

« Les interprétations des arbitres ne nous ont pas été très favorables cette saison, mais on se battra jusqu'au bout.

RÉMI GARDE

L'OL PERD DE LA HAUTEUR

C'est l'histoire de la bouteille à moitié pleine ou à moitié vide. Victorieuses du championnat et de la Coupe de France, les Lyonnaises ont pourtant connu une saison très agitée et parfois décevante, avec au passage la démission de leur entraîneur Patrice Lair.

Les dernières consignes du coach, Patrice Lair.

En ce 7 juin 2014, Jean-Michel Aulas est tendu dans la tribune du stade du Mans. La finale de la Coupe de France va opposer son OL, ce petit joyau qu'il préside depuis 2004, au PSG, qui se veut la force montante du football féminin dans l'Hexagone.

Cinq mois plus tôt, le 18 janvier, les Parisiennes sont venues s'imposer à Gerland en championnat (1-0). Une victoire moins banale qu'il n'y paraît. C'était la première fois que les Lyonnaises perdaient un match de championnat depuis mars 2010. Et la première fois qu'elles s'inclinaient à domicile en Ligue 1 depuis septembre 2006.

Le but de la Parisienne Laura Georges fait des dégâts. Il survient deux mois après la cruelle élimination en huitième de finale de la Ligue des champions contre les Allemandes de Postdam, tenantes du titre. Une épreuve dans laquelle les Lyonnaises viennent d'atteindre la finale trois années de suite, avec deux succès à la clé. La victoire à l'extérieur au match aller (1-0) semblait pourtant assurer leur avenir. Mais chez elles, sous la pluie et devant 10 000 spectateurs, elles s'inclinent à la surprise générale (2-1) après avoir pourtant ouvert le score par Abily (10e).

L'entraîneur Patrice Lair a eu beau gesticuler, vitupérer, devant son banc, rien n'y a fait. Pour lui, trop, c'est trop. Lair aurait aimé succéder à Bruno Bini à la tête de l'équipe de France quelques mois plus tôt, mais il n'a pas été choisi. Il a ensuite subi les choix économiques d'un pré-

Avec leur victoire en Coupe de France contre le PSG, les Lyonnaises empochent le doublé.

sident contraint de réduire la voilure financière sur ses filles autant que sur ses garçons. Et il constate que même si c'est dans la nuance, rien n'est plus comme avant. Ses rapports avec certaines de ses joueuses sont devenus trop compliqués. En janvier, l'internationale américaine Megan Rapinoe quitte le club moins d'un an après son arrivée.

Au mois d'avril, Lair, qui a succédé en 2010 à Farid Benstiti, annonce qu'il jettera l'éponge en fin de saison. Il s'en explique : « Au bout d'un moment, c'est difficile de trouver la motivation. J'ai besoin d'un autre challenge car je n'en ai plus à relever avec l'OL. Je n'allais pas rester là juste pour prendre mon argent. L'élimination contre Postdam m'a fait mal. La défaite contre le PSG, je m'en bats les c… car nous serons champions de France. »

L'OL sera effectivement champion de France pour la huitième fois consécutive (Wendie Renard est la seule joueuse à avoir remporté les 8 titres), battant le record des garçons du club, sept fois sacrés entre 2002 et 2008. Mais les chiffres sont parlants. En 2013, le titre avait été acquis avec 22 victoires en 22 matchs, 132 buts marqués et 5 encaissés, 10 points d'avance sur Paris et 17 sur Juvisy. Le titre 2014 l'a été avec 21 victoires, 95 buts marqués et 12 encaissés, 7 points d'avance sur Paris et 8 sur Juvisy.

Dans ce contexte compliqué, la finale de la Coupe va donc donner son véritable sens à la saison. La bouteille sera à moitié pleine. Deux buts de Dickenmann (57e) et Franco (61e) offrent à l'OL une troisième Coupe de France consécutive.

Patrice Lair (qui sera remplacé par le directeur de l'INF Clairefontaine Gérard Prêcheur) part la tête haute. En quatre ans, il a remporté 10 titres (4 championnats, 3 Coupes de France, 2 Ligues des champions, 1 Coupe du monde des clubs). Mais Benstiti, devenu entraîneur du PSG, tire déjà des plans sur la comète : « Je ne suis pas sûr que le score reflète l'écart entre les deux équipes. Et il va encore se réduire. Ça ne se joue plus à grand-chose. »

Après avoir pourri la vie de ses garçons, le PSG qatari a désormais les filles du président Aulas dans le viseur.

« La défaite contre le PSG, je m'en bats les c… car nous serons champions de France. »

PATRICE LAIR

En novembre 2014, il fêtera ses 40 ans de présidence. Une incroyable longévité à la tête du club de Montpellier, ex-La Paillade, pour un personnage pagnolesque et absolument unique qui évoque de manière très personnelle et souvent jubilatoire les souvenirs que son incroyable parcours lui a offerts.

LOUIS NICOLLIN

« JE SUIS UN PEU JOBARD »

En compagnie de Fleury Di Nallo, sa première star.

LES DÉBUTS

« Quarante ans ! Ça fait un bail. Je n'aurais jamais imaginé quand j'ai racheté le club en novembre 1974, avec notamment à mes côtés Bernard Gasset, le père de l'actuel adjoint de Laurent Blanc au PSG, tout ce qui allait arriver. À l'époque, l'équipe de mon entreprise, La Sportive de nettoiement, évoluait en championnat de France corporatif et venait d'atteindre la finale de sa Coupe de France. J'en avais un peu marre de jouer dans ce cadre limité. Je suis donc passé au civil en récupérant ce qui restait du club de Montpellier qui était à l'agonie au fin fond de la division d'honneur. Nous l'avons appelé La Paillade. Les joueurs de mon équipe corpo ont intégré ce nouveau club et on s'est maintenus. La saison suivante, j'ai fait venir l'ancien international de Lyon Fleury Di Nallo, mon premier gros coup. C'était parti. »

L'ASCENSION

« Pour grimper, on s'est appuyés sur le recrutement de vieilles gloires sympas qui sont venues rejoindre Fleury. Comme depuis 1968 il n'y avait plus d'équipe professionnelle à Montpellier, les spectateurs ont commencé à venir nous voir jouer, même dans les divisions inférieures. Nous faisions du spectacle. Ma première

Louis Nicollin, collectionneur.

grande émotion date du jour où nous avons battu Hyères en match de barrage d'accès à la troisième division. C'était en 1976. Deux ans plus tard, nous sommes montés en deuxième division. »

LA MONTÉE EN D1

« Nous avons longtemps lutté avec Auxerre en deuxième division pour atteindre la D1. L'AJA y est parvenu une saison avant nous. Ce combat nous a préparés à la suite. Nous sommes montés en 1981, mais nous sommes redescendus aussi sec. Il devait nous manquer quelque chose. Nous avons dû passer encore cinq ans en D2 avant de remonter en 1987. Ça m'a paru long. »

LA LONGÉVITÉ

« En quarante ans, je n'ai jamais eu envie de laisser tomber. Je ne me suis jamais découragé. J'ai toujours tout pris avec le sourire. La saison dernière, j'ai vraiment eu peur de descendre en Ligue 2. Mais je serais reparti. Le foot, ça me changeait et ça me change toujours de ma boîte *[Louis Nicollin est PDG d'une grosse entreprise de nettoiement]*. Et puis, pendant longtemps ça n'a été que du plaisir. L'argent, c'était de la rigolade par rapport à maintenant. Aujourd'hui, ce serait impossible pour quelqu'un de mon profil de l'époque de reprendre un club et de le financer. Il faut être milliardaire. »

SES RELATIONS AVEC LES JOUEURS

« Curieusement, je trouve qu'ils n'ont pas vraiment changé. Je n'ai jamais eu de problèmes avec les joueurs. Pourtant, j'ai même eu Cantona dans mon effectif. Les joueurs sont des bons gars. Eux, ils sont restés les mêmes. C'est l'aspect financier qui a évolué. Leur environnement. J'ai beaucoup d'affection pour les joueurs. Bien sûr, parfois je les engueule. Ils prennent des chasses terribles. La saison dernière, ils ont fait des matchs lamentables. Ils ont entendu parler du pays. C'est grave d'être ridicules. Mais je n'hésite pas à doubler ou tripler les primes quand je suis content. Je les ai même quadruplées après notre succès en Coupe de France à Paris contre le PSG l'hiver dernier. »

LES TRANSFERTS

« Ils ne me perturbent pas plus que ça. Depuis deux ou trois ans, c'est mon fils Laurent qui s'en occupe. Je sais m'entourer. Sur la durée, on ne s'est pas trop trompés. Je me méfie des hommes qui disent : "Moi je, moi je, moi je." Il n'y a que les avocats qui disent ça. Moi, je consulte avant de décider. Mais il ne faut pas me prendre pour un con. Quand on me propose 8 millions pour Cabella auquel il reste deux ans de contrat, comme l'a fait Newcastle, je m'énerve. Thauvin est parti à l'OM pour 15 millions. Cabella est aussi bon que Thauvin. Le dernier agent que j'ai vu, c'est pour le transfert de Mapou [Yanga Mbiwa] à Newcastle. Il y a beaucoup d'impresarios qui ne pensent qu'à leur gueule et qui bossent pour des joueurs qui n'ont pas inventé la poudre. Là, on a vu le résultat sur le plan sportif. En plus, je trouve scandaleux de devoir payer les agents. Ce sont les joueurs qui devraient les payer. »

SON MEILLEUR RECRUTEMENT

« Je vais vous surprendre. Je pourrais dire Di Nallo parce que ça renvoie à nos racines, mais j'opte pour l'attaquant argentin Hugo Curioni. À l'époque, il jouait à Metz en D2 et nous étions nous aussi en D2. J'en ai recruté des joueurs et des fameux, mais lui, c'était vraiment un gars extraordinaire. Un joueur superbe. Et qui respectait la parole donnée. Il est venu aux 30 ans de La Paillade. Il avait la larme à l'œil. Et il viendra pour les 40 ans. Je vais lui payer son billet d'avion. »

SON PIRE RECRUTEMENT

« Les anciens Nantais. Avec eux, ça n'a jamais marché, je ne sais pas pourquoi. Les pires ont été Pedros et Decroix. Gourvennec pas terrible. Loko passe encore. Pas trop mauvais. Ouédec, récupéré au PSG, n'a pas été bon chez nous. »

SES MEILLEURS ENTRAÎNEURS

« Robert Nouzaret, évidemment, qui était là pratiquement au démarrage de La Paillade. Il est arrivé en 1976. Mon ami Michel Mézy, bien sûr. J'ai bien aimé aussi le Polonais Henri Kasperczak. Un gars très bien. »

SES PIRES ENTRAÎNEURS

« Pierre Mosca m'a beaucoup déçu. Il ne voulait jamais faire jouer Valderrama [international colombien]. Jean Fernandez la saison dernière restait sur un échec quand je l'ai pris. Ça l'avait marqué. Il n'était pas en confiance. Ce fut un échec. Aimé Jacquet non plus, je ne l'ai pas gardé. Ça ne l'a pas empêché de devenir champion du monde. Comme quoi... Chez nous, il était pire encore que Fernandez. D'une grande faiblesse. Il se faisait un souci de tout. Il avait toujours peur que Cantona déclenche une bagarre avec Untel ou Untel. »

SES PLUS BEAUX SOUVENIRS

« Le titre de champion de France en 2012, évidemment. Mais j'ai beaucoup d'affection pour le match contre Hyères avec la montée en D3 au bout. Et puis, bien sûr, le premier match de Coupe d'Europe

1991, Jacek Ziober devance Paul Ince de Manchester United, au temps de l'épopée héraultaise en C2.

contre Benfica, en 1988. Je ne savais pas qu'il fallait organiser un repas avec les dirigeants adverses. Je l'ai fait. J'ai invité un monde fou. Tous ceux qui avaient contribué à nous amener jusque-là. »

SES PIRES SOUVENIRS

« Le match perdu 5-4 à Marseille en août 1995. Nous menions 4-0 à la mi-temps. Et nous avions une grosse équipe, avec notamment Bruno Martini et Franck Sauzée. Une défaite vraiment incroyable. Et puis, dans le même genre, le match nul à Lorient, 4-4, la saison dernière alors que menions 4-1 à trois minutes de la fin. Ça n'arrive qu'à nous ce genre de truc. »

SES PLUS GRANDES FOLIES

« Difficile de choisir. Je dirais d'abord le recrutement de Cantona. Aimé Jacquet a failli en faire une apoplexie. Il pensait partir avec Perez et Xuereb en attaque, il s'est retrouvé avec Cantona et Paille. Cette année-là, on a gagné la Coupe de France, un très grand souvenir. Ensuite, bien sûr, la crête que je me suis faite après notre titre de champion en 2012. Je suis un peu jobard. Il faut vraiment être un peu con. Heureusement encore que les joueurs n'ont pas réussi à me la tailler comme ils l'avaient prévu. »

SA PASSION DE COLLECTIONNEUR

« Ça, c'est vraiment mon truc. Une fois par mois, je fais une vente aux enchères en Angleterre ou en Allemagne, mais j'ai aussi mes réseaux. Mon musée s'étend sur quatre bâtiments. C'est mon trésor que j'enrichis en permanence. J'ai quelques pépites. L'été dernier, j'ai failli rater le chronomètre de Robert Duverne à Knysna que Raymond Domenech avait récupéré pour le mettre aux enchères dans une vente de bienfaisance. Je l'ai racheté 2 000 euros à la personne qui l'avait acheté. Elle l'avait payé ce prix-là. En maillots, j'ai les plus belles pièces. J'ai tous les maillots possibles de Platini, qui est mon ami, et notamment son premier à Nancy avec le numéro 11, une rareté. J'ai un maillot de Pelé. Je suis en extase devant les maillots de Puskas, Gento, Di Stefano et Kopa, les premiers Galactiques du Real Madrid. Dans mes joyaux, j'ai les maillots de Bracci et Berdoll du match de Coupe du monde 1978 contre la Hongrie, quand les Français avaient joué en vert et blanc parce qu'ils n'avaient pas pris les bons maillots. J'ai un maillot de Fritz Walter, capitaine de l'Allemagne championne du monde 1954. Mais je ne suis pas sûr que ce soit celui de la finale. J'achète tout ce qui me plaît. J'ai plein de choses sur les jeux Olympiques et sur le cyclisme, mon autre passion. J'ai des vélos de Coppi, Bobet, Bahamontes, Ocana et bien d'autres. Dans mon musée, j'ai des stars. »

LES TOPS

1 Zlatan IBRAHIMOVIC

L'inimitable

Exceptionnel, incomparable à l'échelle de notre Ligue 1, le géant suédois a ébloui tous les publics de France devant lesquels il s'est produit par sa classe et des gestes techniques plus improbables les uns que les autres. Une formidable et magistrale tête de gondole.

2 René GIRARD

Sexagénial

Dans le genre leçon d'efficacité, on ne fait pas mieux. Deux ans après avoir offert le titre de champion à Montpellier, Girard a déposé Lille sur le podium, une sorte d'exploit. Même si la manière n'y était pas toujours, on ne se refait pas, le résultat, lui, est impressionnant.

3 James RODRIGUEZ

Quel pied !

Le jeune Colombien (22 ans) a justifié son titre (détenu jusqu'à l'arrivée de Falcao) de plus gros transfert de la L1 (45 millions d'euros). Altruiste (12 passes décisives) et réaliste (9 buts), l'ancien triple champion du Portugal avec Porto a d'emblée marqué son territoire.

4 Vincent ABOUBAKAR

L'ange noir

La révélation offensive de la saison. Le Camerounais de 22 ans avait inscrit 9 buts en trois saisons à Valenciennes. Il en a marqué 16 en une saison sous le maillot lorientais. Sa puissance, ses qualités techniques et son flair de buteur lui dessinent un avenir doré.

5 Fabien LEMOINE

L'or du rein

Trois ans après avoir subi (en 2010) l'ablation d'un rein à la suite d'un choc avec un adversaire, le milieu de terrain stéphanois a été, toute la saison durant, le véritable poumon d'une formation qu'il a tirée vers le haut et conduit vers une quatrième place qui lui doit beaucoup.

LES FLOPS

5 Philippe MONTANIER

La fausse promesse

Successeur d'Antonetti après avoir offert à la Real Sociedad une place en Ligue des champions, il avait promis la lune au plan du jeu en arrivant à Rennes. Il n'y eut même pas de rayons de soleil, ses joueurs balançant trop souvent entre médiocrité et nullité.

4 Florian THAUVIN

SOS fantôme

Après un transfert ubuesque de Lille, où il n'a jamais joué, à l'OM, le champion du monde des moins de 20 ans semble ne s'être jamais remis de ce choix humainement indéfendable. Dans un contexte très compliqué, il s'est noyé et a même semblé régresser.

3 Anthony LE TALLEC

Quelle descente !

Son côté chat noir vaut à l'ancien champion du monde des moins de 17 ans (en 2001) de figurer dans ce triste classement. Après être descendu en Ligue 2 avec Le Havre (2003), Le Mans (2008) et Auxerre (2012), il a remis ça avec Valenciennes. Recruteurs s'abstenir !

2 Dario CVITANICH

En marche arrière

Révélation de la saison 2012-2013 avec ses 19 buts, l'attaquant argentin de Nice a égaré son savoir-faire. Il n'a inscrit que 8 buts, avec deux périodes d'inefficacité de 604 et 693 minutes. Du coup, Nice perd 13 places en un an.

1 Yoann GOURCUFF

Le grand gâchis

Dans le genre intermittent du spectacle, on ne fait pas mieux. De blessure en blessure, la dernière en promenant son chien, il n'a disputé que 18 matchs (3 buts), même total que la saison précédente. À 450 000 euros brut par mois, on frôle l'insupportable.

ON SE LÈVE POUR ZLATAN

Meilleur buteur pour la deuxième année consécutive, le géant suédois du PSG a largement autant fait pour son mythe que pour son palmarès.

Il se dit que, sur le Vieux-Port de Marseille, on commence à voir des gens qui se promènent avec son maillot sur le dos. N'est-elle pas là, la plus belle victoire de Zlatan Ibrahimovic, qui a étendu son empire bien au-delà des frontières de la capitale ?

Pour sa seconde saison sous le maillot du PSG, Zlatan est devenu une star que l'on applaudit même loin de ses bases. Un soir d'automne, à Bruxelles, en Ligue des champions contre Anderlecht (5-0), au cœur d'un quadruplé, il inscrivit un but d'une frappe si lointaine, si puissante et si bien placée que le stade entier se dressa pour lui accorder une standing ovation. Qui dit mieux ?

Il y avait eu les « papinades » de Jean-Pierre-Papin, il y a désormais les « zlataneries », ces buts venus d'ailleurs, comme celui, tout à fait extraordinaire, qu'il inscrivit du talon et en extension à Mickaël Landreau un après-midi d'octobre, et ces passes imprévisibles qui déchirent les défenses et deviennent des offrandes pour ses partenaires. Non content de finir meilleur buteur de Ligue 1 avec 26 buts (4 de moins que la saison précédente, mais il a raté 5 matchs pour cause de blessure), il a également terminé deuxième du classement des passes décisives derrière le Monégasque James Rodriguez (12 à 11). Et il a inscrit 10 buts en C1, finissant deuxième de l'exercice avec seulement 9 matchs à son compteur, derrière l'intouchable Ronaldo (17 buts).

« Le projet autour du PSG est fantastique, avait-il déclaré à son arrivée en juillet 2012. C'est l'avenir. Je veux écrire l'histoire. » Deux ans plus tard, ce véritable phénomène à l'extraordinaire personnalité affirmait : « J'espère jouer à mon meilleur niveau encore deux ans, jusqu'à la fin de mon contrat avec le PSG. » Et l'envie lui brûlait sûrement les lèvres d'ajouter : « Pour gagner la Ligue des champions. »

MEILLEUR BUTEUR

Voici le détail des vingt-six réalisations qui ont permis à Zlatan Ibrahimovic de terminer meilleur buteur de la saison devant Aboubakar (Lorient), Ben Yedder (Toulouse), Kalou (Lille), Gignac (OM) et Cavani (PSG), tous auteurs de 16 buts.

PSG-GUINGAMP 2-0 (4e journée)
1 : Ibra récupère dans l'axe un long dégagement de Van der Wiel, dribble le gardien adverse Samassa, échappe à Sorbon et marque du droit dans le but vide (90e+3, but du 2-0).

PSG-MONACO 1-1 (6e journée)
2 : sur un centre de Maxwell, Ibra devance le gardien Subasic aux 6 mètres et marque de la semelle en extension du pied droit (5e, but du 1-0).

MARSEILLE-PSG 1-2 (9e journée)
3 : penalty pour une faute d'Ayew sur Marquinhos. Ibra le transforme du droit en prenant Mandanda à contre-pied (66e, but du 1-2).

PSG-BASTIA 4-0 (10e journée)
4 : sur un centre de Lucas dévié par Ongenda, Ibra reprend d'une fantastique aile de pigeon en extension du pied droit. Le ballon s'engouffre dans la lucarne de Landreau médusé (10e, but du 1-0).
5 : à l'arrivée d'un coup franc excentré de Lucas, Ibra reprend de la tête et trouve de nouveau la lucarne de Landreau (13e, but du 2-0).

PSG-NICE 3-1 (13e journée)
6 : sur un centre de Van der Wiel, Ibra devance Veronese et, en pleine extension, marque de la semelle du pied droit (39e, but du 1-0).
7 : Veronese fauche Cavani. Ibra transforme le penalty en douceur en prenant le gardien niçois à contre-pied (57e, but du 2-0).
8 : sur un centre de Lucas, Ibra devance de la tête Veronese aux 6 mètres et inscrit son premier triplé en Ligue 1 (75e, but du 3-1).

REIMS-PSG 0-3 (14e journée)
9 : le gardien Agassa dégage malencontreusement sur un de ses défenseurs. Le ballon revient sur Ibra qui reprend instantanément et marque du droit de 25 mètres dans le but vide (90e +1, but du 0-3).

PSG-LYON 4-0 (15e journée)
10 : faute de Vercoutre sur Cavani. Ibra transforme le penalty d'une Panenka du droit sous la barre (41e, but du 2-0).
11 : faute d'Umtiti sur Ibra qui transforme lui-même le penalty d'une frappe du droit qui prend Vercoutre à contre-pied (83e, but du 4-0).

PSG-SOCHAUX 5-0 (17e journée)
12 : Ibra transforme d'une frappe surpuissante de 25 mètres du droit sous la barre. C'est son premier coup franc direct de la saison (86e, but du 4-0).
13 : Ibra reprend victorieusement un centre de Cavani d'une frappe croisée de l'intérieur du droit à bout portant (90e +1, but du 5-0).

RENNES-PSG 1-3 (18e journée)
14 : faute de Hountondji sur Matuidi. Ibra transforme le penalty d'une frappe en douceur du droit qui prend Costil à contre-pied (52e, but du 0-2).

PSG-LILLE 2-2 (19e journée)
15 : sur un coup franc aux 20 mètres, la frappe puissante d'Ibra est légèrement détournée du coude par Béria et finit dans la lucarne d'Enyeama (36e, but du 1-0).

PSG-NANTES 5-0 (21e journée)
16 : faute d'Alhadur sur Verratti. Ibra transforme le penalty en force du droit à mi-hauteur (36e, but du 2-0).
17 : Ibra récupère un tir contré de Pastore et, entre deux défenseurs, marque d'une frappe en force du gauche à 10 mètres du but (64e, but du 5-0).

PSG-BORDEAUX 2-0 (23e journée)
18 : à la réception d'un centre de Lucas, Ibra, seul à 4 mètres de la ligne, trompe Carrasso du droit (58e, but du 1-0).

PSG-VALENCIENNES 3-0 (25e journée)
19 : un tir manqué de Cabaye arrive sur Ibra à 6 mètres face au but. Sa frappe écrasée du droit rebondit et pénètre sous la barre (50e, but du 2-0).

TOULOUSE-PSG 2-4 (26e journée)
20 : faute de Spajic sur Lavezzi. Ibra transforme le penalty plein axe en douceur (32e, but du 0-1).
21 : coup franc latéral de Cabaye. Dos au but, Ibra marque d'une tête dans le filet opposé (68e, but du 1-3).
22 : sur un coup franc d'Ibra, main d'un défenseur toulousain posté dans le mur. Sur le penalty, Bouchez repousse la Panenka du Suédois qui reprend et marque à bout portant (89e, but du 2-4).

BASTIA-PSG 0-3 (28e journée)
23 : centre aérien en retrait de Lucas. Ibra saute plus haut que son défenseur et marque d'une tête en lucarne (6e, but du 0-1).

PSG-SAINT-ÉTIENNE 2-0 (29e journée)
24 : centre de Matuidi pour Ibra qui marque d'un tir du gauche croisé à ras de terre dévié par Bayal dans le but de Ruffier (14e, but du 1-0).
25 : sur un centre de Cavani, Ibra devance Ruffier et marque à bout portant d'un extérieur du droit (41e, but du 2-0).

PSG-MONTPELLIER 4-0 (38e journée)
26 : longue ouverture dans l'axe de Pastore pour Ibra qui se présente seul face à Jourdren qu'il trompe d'une frappe de l'extérieur du droit à ras de terre que le gardien de Montpellier ne peut que ralentir (11e , but du 2-0).

LAURENT BLANC ET SES 23 CHAMPIONS

Après Gérard Houllier (1986), Artur Jorge (1994) et Carlo Ancelotti (2013), Laurent Blanc est le quatrième entraîneur à offrir au PSG un titre de champion.

Durant plus d'un mois, en juin 2013, les dirigeants du PSG ont cherché le successeur de Carlo Ancelotti parti au Real Madrid. Et les noms les plus ronflants ont circulé. Un jour, c'était José Mourinho, un autre Guus Hiddink ou Arsène Wenger. Il y eut aussi Fabio Capello, Rafael Benitez, André Villas-Boas ou Brian Laudrup. Finalement, c'est Laurent Blanc qui sortit de cette montagne et l'impression naquit qu'elle venait d'accoucher d'une souris.

Blanc ? Laurent Blanc ? Mais saurait-il gérer les stars et leurs ego ? Et puis quelle expérience avait-il ? Tout le monde évoqua un choix par défaut, en oubliant presque que ce coach-là avait tout de même été champion de France (Bordeaux 2009) et quart de finaliste d'un Euro à la tête de l'équipe de France (2012).

Et Blanc se mit au travail. Les responsables du club avaient reproché à son prédécesseur de ne pas faire assez bien jouer son équipe ? Qu'à cela ne tienne, cet amoureux du beau jeu imposa très vite un système de conservation et de possession du ballon qui déboucha sur quelques matchs particulièrement réussis. Aidé par des stars qui adhéraient d'autant plus facilement à ses demandes que l'effectif très resserré (23 joueurs utilisés au total contre 31 la saison précédente pour Ancelotti) leur garantissait un temps de jeu appréciable, porté aussi par les succès, il trouva très vite sa place. Au point que ce ne sont pas ses dirigeants qui s'interrogèrent en fin de saison sur l'utilité d'une prolongation de son contrat de deux ans, mais lui, qui repoussa l'annonce de cette prolongation jusqu'au moment où le club parisien fut enfin sacré.

Une sorte de pudeur plutôt classe, tout à fait à l'image d'un personnage qui rêve maintenant d'emmener le club parisien encore plus haut, jusqu'au toit de l'Europe.

Pour décrocher le quatrième titre de l'histoire du PSG, Laurent Blanc a utilisé 23 joueurs.

LES CHAMPIONS

GARDIENS

Salvatore Sirigu, 27 ans, 37 matchs
Nicolas Douchez, 34 ans, 1 matchs

DÉFENSEURS

Alex, 31 ans, 31 matchs, 2 buts
Thiago Silva, 29 ans, 28 matchs, 3 buts
Gregory Van der Wiel, 26 ans, 25 matchs
Maxwell Sherrer, 32 ans, 24 matchs, 3 buts
Marquinhos, 20 ans, 21 matchs, 2 buts
Lucas Digne, 20 ans, 15 matchs
Christophe Jallet, 30 ans, 13 matchs
Zoumana Camara, 35 ans, 6 matchs

MILIEUX DE TERRAIN

Blaise Matuidi, 27 ans, 36 matchs, 5 buts
Thiago Motta, 31 ans, 32 matchs, 3 buts
Marco Verratti, 21 ans, 29 matchs
Javier Pastore, 24 ans, 29 matchs, 1 but
Adrien Rabiot, 19 ans, 25 matchs, 2 buts
Yohan Cabaye, 28 ans, 15 matchs
Kingsley Coman, 17 ans, 2 matchs

ATTAQUANTS

Lucas, 21 ans, 36 matchs, 5 buts
Zlatan Ibrahimovic, 32 ans, 33 matchs, 26 buts
Ezequiel Lavezzi, 29 ans, 32 matchs, 9 buts
Edinson Cavani, 27 ans, 30 matchs, 16 buts
Jérémy Ménez, 26 ans, 16 matchs, 2 buts
Hervin Ongenda, 19 ans, 6 matchs

ILS ONT DIT... ILS ONT FAIT

Du brillant élève parisien aux cancres niçois, ajaccien ou valenciennois, en passant par Guingamp, notre coup de cœur, voici le carnet de notes de l'année. Il prend évidemment en compte les moyens investis par chacun qui permettent de relativiser ou valoriser certaines performances.

PARIS 17,5/20

« Les objectifs ? Conserver notre titre de champion, remporter une Coupe nationale et aller au moins aussi loin que nous venons de le faire en C1. Nous devrons produire un jeu ambitieux. »

Nasser al-khelaïfi (président)

Les attentes du président n'ont pas été vaines, y compris au niveau du jeu, parfois flamboyant. Le PSG gagne donc un demi-point par rapport à la saison dernière, mais pas plus, eu égard à la frustration de la fin de saison avec une élimination décevante à Chelsea en C1 et une conclusion de championnat extrêmement poussive, qui freina un peu trop l'obtention du titre programmé. Pour décrocher un 18 voire mieux, Paris sait ce qu'il lui reste à faire.

GUINGAMP 16/20

« Pour quatorze clubs, l'objectif est le même : le maintien. Mais ce n'est pas parce qu'on est promu qu'on a plus de chances de retrouver la Ligue 2. »

Bertrand Desplat (président)

Certains, sauf à Guingamp bien sûr, ce qui ne représente que 8 000 personnes, trouveront l'équipe bretonne surnotée. Mais il faut se souvenir que son budget est riquiqui, que tout le monde lui prédisait une redescente immédiate en Ligue 2 et que personne n'avait imaginé qu'elle pourrait, cinq ans après son premier triomphe, enlever une seconde Coupe de France, en survolant qui plus est la finale face au voisin rennais. Certes, après avoir été 7es au bout de 15 journées, les joueurs de Gourvennec se sont fait quelques frayeurs en L1, mais l'ensemble de leurs performances leur vaut une mention très bien.

MONACO
15,5/20

« Notre première ambition sera de nous qualifier pour la Ligue des champions. Le titre ? Non, non. Le PSG a une grande équipe. Constituer une équipe, ça prend du temps. C'est trop tôt pour nous. »

Dimitri Rybolovlev (président)

Les Monégasques de Ranieri ont rendu une copie très propre, à la hauteur des énormes investissements financiers effectués après l'accession en L1 par l'oligarque russe qui les préside. Jamais ils n'ont vraiment menacé Paris, mais jamais non plus ils n'ont été vraiment menacés par leurs poursuivants. Petite déception en revanche dans les Coupes avec des éliminations peu glorieuses à Reims et surtout à Guingamp en demi-finale de Coupe de France.

LILLE
14/20

« Nous serons logiquement le sixième budget de L1, donc je pense que l'objectif sera de se mettre au niveau de notre budget, soit 6e au minimum. On a aussi bien sûr l'espoir de gratter un peu plus. »

Michel Seydoux (président)

Certes, il n'est pas question de panache dans cette histoire, mais le LOSC de Girard, après un départ hésitant (12e après 5 journées), a pris son rythme de croisière pour dominer le championnat des 18 clubs « normaux », ce qui n'était pas acquis d'avance. S'ils se sont fait peur lors d'un mois de janvier raté et ont tremblé en fin de saison, ils ne sont plus jamais descendus du podium après la 10e journée. Un parcours qui gomme l'étonnante élimination à domicile contre Auxerre en seizième de finale de Coupe de la Ligue.

SAINT-ÉTIENNE
13,5/20

« On sait très bien que, dans ce championnat à deux vitesses, on ne pourra obtenir que des miettes. L'Europe passe par les Coupes. Elles seront notre objectif. Et on jouera la C3 à fond. »

Roland Romeyer (président)

L'économie vertueuse des dirigeants stéphanois (des salaires décents et des primes importantes) a porté ses fruits. En finissant devant l'OL et l'OM et sur les talons de Lille, les Verts de Galtier, qui ont toujours cherché à produire du jeu, ont réussi leur parcours et retrouvé une chance européenne qu'ils avaient galvaudée en début de saison contre d'obscurs Danois. C'est ce faux pas inattendu et décevant, beaucoup plus que leur élimination à Cannes (CFA) en Coupe de France, qui les prive de la mention bien.

BASTIA
12/20

« La difficulté, c'est qu'on se dit qu'on ne pourra pas faire mieux que la saison dernière (12e). Notre objectif est de prendre moins de buts (66) car on en marquera beaucoup moins. »

Frédéric Hantz (entraîneur)

Eh bien si ! En terminant 10e sans jamais avoir vécu sous la menace de la relégation, Bastia a fait mieux que la saison précédente tout en encaissant 10 buts de moins. S'il ne s'agit pas d'un exploit monumental, il justifie tout de même une mention que des éliminations loin d'être scandaleuses en Coupes à Lens et à Évian n'interdisent pas.

REIMS 11,5/20

« 70 % des clubs qui sont montés en L1 redescendent dans les deux ans. Nous sommes donc un favori à la descente. Notre rôle sera d'être le poil à gratter de ce championnat. »

Jean-Pierre Caillot (président)

Toutes les prévisions d'avant-saison leur promettaient un retour en enfer. Or, non seulement les Champenois n'ont jamais été menacés, mais ils ont même passé le plus clair d'une saison, finie un peu sur les jantes, dans la première partie du classement avec au passage des succès à Lille, Lyon et Marseille. Comme en Coupes, ils ont été sortis à Marseille et à Lyon (après avoir éliminé Monaco en Coupe de la Ligue !), ce qui n'est pas déshonorant. On peut dire qu'ils ont réussi leur saison.

LORIENT 11/20

« L'objectif est toujours de faire mieux que la saison précédente, c'est-à-dire aussi bien en championnat (8e) et aller au Stade de France car on a fait trois demi-finales de Coupes en quatre ans. »

Loïc Féry (président)

Bien sûr, Lorient n'est pas allé au Stade de France, bien sûr il a disparu dans les Coupes d'entrée de jeu et de façon un peu piteuse à Yzeure (CFA) dans la plus prestigieuse des deux compétitions, bien sûr la saison a été plombée par le conflit entre le président Féry et l'entraîneur Christian Gourcuff, mais que dans un tel contexte les Bretons aient réussi à décrocher une nouvelle fois la 8e place relève presque du miracle et leur vaut une honnête moyenne.

NANTES 11/20

« L'objectif, c'est le maintien. On veut pérenniser le club en L1. L'équipe est jeune. On veut conserver le même état d'esprit qu'en L2. »

Michel Der Zakarian (entraîneur)

Si sa saison a été agrémentée de hauts et de bas, s'il n'a fini que 13e après avoir été 4e au bout de 10 journées, le FC Nantes a parfaitement rempli son contrat puisqu'il n'a jamais été menacé alors qu'il revenait tout juste de Ligue 2. Ajoutons qu'il a tenu la dragée haute au PSG en demi-finale de Coupe de la Ligue ne cédant qu'à l'ultime minute devant le grand Zlatan. Bref, une saison plus qu'honorable.

LYON 10/20

« Il y a deux objectifs : être à nouveau sur le podium à la fin de la saison et disputer la Ligue des champions en septembre. Rien n'est jamais impossible, mais le PSG a 99,9 % de chances d'être champion. »

Jean-Michel Aulas (président)

Le podium, l'OL en a simplement rêvé sans jamais le frôler au cours d'une saison, où il a été déjà été tout heureux de décrocher un strapontin européen. Plombé d'entrée par une douloureuse élimination en barrages de la C1, Lyon, affaibli par des départs et par des bras de fer avec Gomis et Briand, n'était que 11e après 10 journées. Il a tout fait au forceps ensuite et ne s'est finalement épanoui qu'en Ligue Europa, où il a fini par buter sur la Juventus.

CARNET DE NOTES

ÉVIAN 10/20

« Finir entre la 9e et la 14e place serait formidable car notre budget nous place plutôt vers la fin du classement. »

Patrick Trotignon (président)

Naviguant à partir de la 10e journée entre la 16e et la 17e place, Évian a souffert toute la saison bien au-delà de ce que supposait son président parti en cours de saison au bout de querelles intestines qui n'ont pas aidé à insuffler la sérénité nécessaire aux difficiles combats du terrain. Mais les hommes de l'omniprésent Dupraz ont été les seuls à battre à domicile le PSG et Monaco et la façon dont ils se sont sauvés à Sochaux lors de la dernière journée leur vaut de décrocher la moyenne en dépit de résultats médiocres en Coupes.

TOULOUSE 9/20

« Dans un premier temps, on vise le maintien. Ensuite, on tentera de faire mieux que la saison dernière (10e). Face aux deux locomotives PSG et Monaco, nous allons essayer de nous accrocher. »

Alain Casanova (entraîneur)

Il peut paraître bizarre de ne pas attribuer la moyenne à une équipe qui finit dans la première moitié du tableau (9e) et qui a été un peu plus joueuse que par le passé, mais, comme trop souvent, le Téfécé n'a pas réussi à franchir le seuil d'une douce médiocrité aggravée par l'élimination en Coupe de France à Moulins (CFA).

MARSEILLE 8/20

« Nous souhaitons mener la bagarre pour essayer de terminer sur le podium. Mais il faut être lucide. Il y a déjà le PSG et Monaco. En C1, nous ferons de notre mieux. Et nous ne voulons pas faire de la figuration dans les deux Coupes nationales. »

Elie Baup (entraîneur)

Bilan désastreux pour l'OM de Baup puis d'Anigo. Qu'elle était loin la saison précédente avec sa 2e place. Le zéro pointé en Ligue des champions, dans un groupe certes musclé, enlaidit encore plus un sombre tableau. Jamais en course pour le podium, rejeté par une frange de ses supporters, Marseille n'a pas su conquérir l'Europe, abandonnant au passage toutes ses chances en Coupe de France au bout d'une désolante défaite à domicile contre Nice (5-4).

BORDEAUX
8/20

« J'espère que l'on sortira de la phase de poules en Ligue Europa et que l'on fera un meilleur championnat que l'an dernier (7e). Et j'aimerais bien gagner une Coupe. »
Jérémie Bréchet (défenseur)

Finir 7e de la Ligue 1 n'est évidemment pas scandaleux. Pourtant, Bordeaux a fait pâle figure tout au long de la saison et notamment lors d'un parcours erratique en Ligue Europa dans un groupe pourtant très faible. Sans oublier une élimination humiliante en Coupe de France sur le terrain de l'Île-Rousse (CFA2). Et comme en championnat les Girondins étaient 15es après 10 journées, jamais leurs supporters n'ont eu le droit d'imaginer un avenir européen.

SOCHAUX
7,5/20

« L'objectif est de se positionner en milieu de tableau entre la 12e et la 15e place et d'arrêter de se faire peur avec ce problème de maintien. »
Laurent Pernet (président)

Sale saison pour les Lionceaux dont la formidable course-poursuite pour éviter le maintien s'est fracassée sur le mur de la dernière journée à domicile contre Évian. C'est d'autant plus rageant que l'équipe d'Hervé Renard semblait condamnée à la trêve et que son sursaut d'orgueil fut magnifique. Mais cela faisait plusieurs saisons que Sochaux luttait pour éviter une descente devenue d'une certaine façon inexorable.

MONTPELLIER
7/20

« Si on finit dans les 10 premiers, je serai content. Je ne m'inquiète pas trop, les joueurs n'ont plus la tête enflée. »
Louis Nicollin (président)

Lorsqu'il a viré Fernandez pour le remplacer par Courbis, le bon président Nicollin ne faisait plus le malin et il ne le fit d'ailleurs jamais car, même avec son nouveau coach, Montpellier continua à se faire des frayeurs et à évoluer dans le bas du classement. Une saison d'autant plus ratée qu'après avoir sorti le PSG de la Coupe de France au Parc des Princes, un véritable exploit, Cabella et les siens se firent sortir au tour suivant par Cannes (CFA).

RENNES
7/20

« Se fixer des objectifs, c'est se fixer des limites. J'ai des objectifs en termes de qualité de jeu. En améliorant le jeu, on améliore souvent les résultats. »
Philippe Montanier (entraîneur)

Parfois, la réalité vous rattrape. Débarqué à Rennes avec un projet de jeu ambitieux, Montanier a passé son temps à gérer la crise et les déceptions avec une équipe jamais à la hauteur des espoirs placés en elle. Certes, elle eut le bon goût de sauver sa place en L1 sur la pelouse du PSG, mais c'était quatre jours après une pitoyable finale de Coupe de France qui fit oublier le parcours qui l'avait précédée.

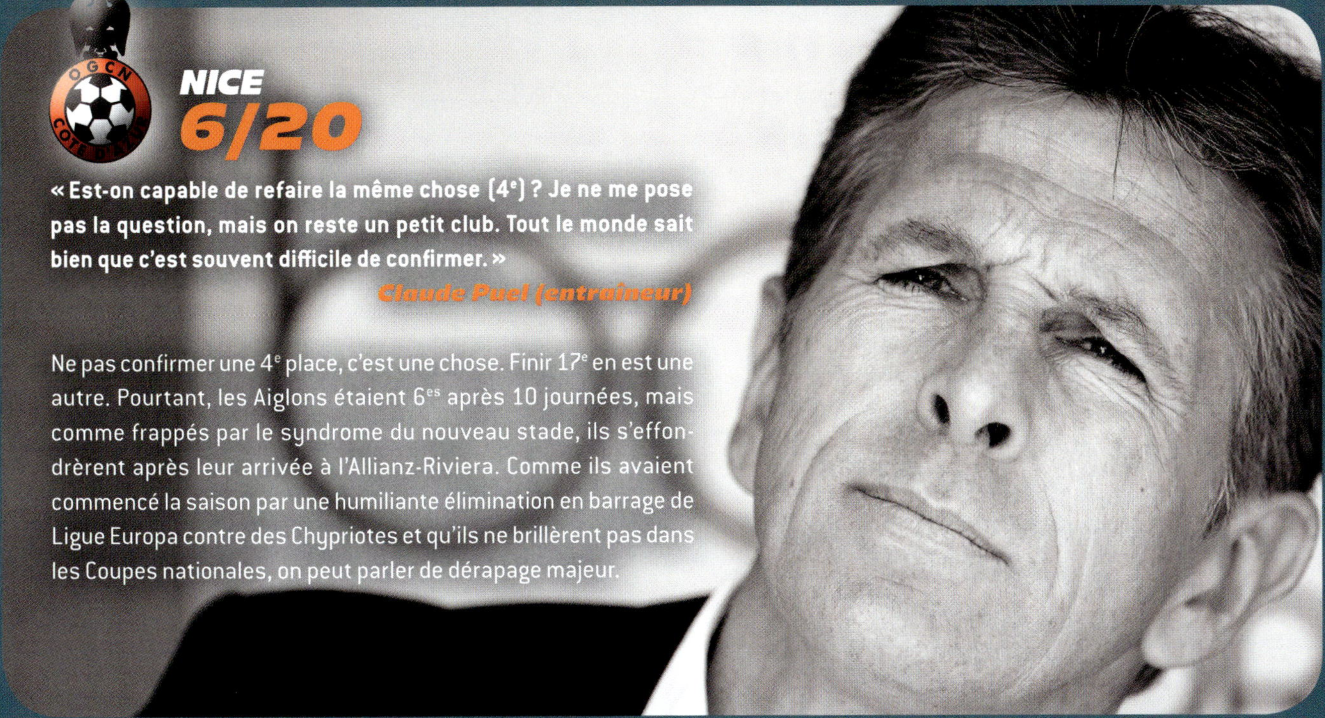

NICE 6/20

« Est-on capable de refaire la même chose (4e) ? Je ne me pose pas la question, mais on reste un petit club. Tout le monde sait bien que c'est souvent difficile de confirmer. »

Claude Puel (entraîneur)

Ne pas confirmer une 4e place, c'est une chose. Finir 17e en est une autre. Pourtant, les Aiglons étaient 6es après 10 journées, mais comme frappés par le syndrome du nouveau stade, ils s'effondrèrent après leur arrivée à l'Allianz-Riviera. Comme ils avaient commencé la saison par une humiliante élimination en barrage de Ligue Europa contre des Chypriotes et qu'ils ne brillèrent pas dans les Coupes nationales, on peut parler de dérapage majeur.

VALENCIENNES 5/20

« Je n'accepte pas que l'on annonce autre chose que le maintien quand on perd six joueurs à l'intersaison. Après, le maintien ce peut être dans la première moitié du tableau. »

Daniel Sanchez (entraîneur)

Sanchez était dernier lorsqu'il rendit son tablier et son successeur belge Jacobs n'a jamais vraiment laissé penser qu'il pouvait sortir le club nordiste de l'ornière dans laquelle il était enfoncé. Ce groupe faible à la mentalité souvent douteuse n'était vraiment pas au niveau. Pour preuve supplémentaire, les éliminations dans les deux Coupes dès l'entrée en lice. Un summum de médiocrité qui a carrément mis en péril l'avenir du club.

AJACCIO 4/20

« L'objectif est de faire mieux que la saison passée (17e) et de se sauver avant la dernière journée. »

Fabrizio Ravanelli (entraîneur)

Avec ses méthodes de forçat, le coach italien a broyé un effectif qui n'a jamais sorti la tête de l'eau après son départ. Dernier à la trêve, le club corse l'était toujours à la fin du championnat, n'ayant jamais donné l'impression qu'il pouvait s'en sortir. On appelle cela une catastrophe.

19 avril 2014, Stade de France, Saint-Denis

GUINGAMP-RENNES 2-0

GUINGAMP SUR DES BREIZH

Comme en 2009, le derby breton, qui a clos la compétition, a tourné à l'avantage du « petit » Guingamp et à la confusion totale du « grand » Rennes. Un énorme exploit pour une ville qui ne compte que 7000 habitants.

Gourvennec savoure.

Plus de 20 000 personnes dans les rues d'un gros village, un stade plein pour accueillir les héros et leur trophée, la fête à tout-va. La magie de la Coupe de France est inaltérable.

Si un homme doit symboliser la réussite de ce Guingamp qui chante, c'est son entraîneur, Jocelyn Gourvennec. À 42 ans, avec dix-huit saisons de joueur professionnel derrière lui, il se nourrit d'ambition affichée. « Je ne possède aucun titre. Comme entraîneur, je veux remporter ce que je n'ai jamais gagné comme joueur », expliquait-il la veille de la finale.

Gourvennec a débuté dans la profession à La Roche-sur-Yon en division d'honneur en 2008. Il est arrivé à Guingamp en 2010, alors que le club évoluait en National. Après l'avoir fait monter deux fois, il entre donc en conquérant dans un Stade de France peint en rouge et noir, couleurs des deux clubs.

Pour arriver là, Guingamp a éliminé une équipe de National, deux de CFA et une de CFA2. Mais il s'est surtout débarrassé en demi-finale, dans son stade du Roudourou, de Monaco (3-1, après prolongations), une performance considérable. L'attaquant malien Yatabaré a marqué deux buts. Au pied de la finale il explique : « On a une histoire à écrire pour nous, à réécrire pour le club. » Guingamp-Rennes est une revanche de la finale 2009 remportée par ceux qui évoluaient alors en Ligue 2. Cinq ans plus tard, les deux capitaines, Mathis pour Guingamp et Danzé pour Rennes, sont les seuls rescapés.

Rennes, qui a sorti Lille en quart (2-0) puis Angers en demi (3-2), voit dans cette Coupe de France l'occasion d'illuminer une terne saison. Son entraîneur Philippe Montanier veut déminer le terrain. « Si l'on ne gagne pas on va continuer à dire que Rennes va en finale et ne gagne pas. Ça ne changera donc rien. » Une vision un peu naïve.

MARTINS PEREIRA : « J'AI DÉCONNECTÉ DE LA RÉALITÉ »

Perdre, oui. Se ridiculiser, c'est autre chose. Après Nolwenn Leroy en ouverture dans un émouvant *Bro gozh ma zadoù* (Vieux Pays de mes pères), l'hymne breton, les Rennais auront droit en clôture à un autre concert, celui des sifflets de leurs supporters dépités par leur pitoyable prestation. D'un bout à l'autre du match, Guingamp donne la leçon à son voisin qui ne se crée quasiment aucune occasion. C'est le défenseur Martins Pereira qui ouvre le score. À la retombée d'un mauvais renvoi au poing du gardien Costil, il expédie le ballon en force sous la barre transversale (37e) pour son premier but depuis plus de deux saisons. « Je ne sais pas ce qui se passe sur mon but, racontera-t-il. Il y a un centre et le ballon revient. Je mets tout ce que j'ai. Après, je suis déconnecté de la réalité. »

La réalité, c'est que le match est presque plié. Yatabaré y met un terme avant l'heure en reprenant victorieusement de la tête à bout portant un centre de Langil (46e).

Une fois le trophée récupéré des mains du président Hollande, Gourvennec évoque « un match parfait ». « On a réussi à aller au bout de notre projet, ajoute-t-il. Ce que l'on a fait est exceptionnel. » Montanier soupire : « C'est une grosse déception et le mot est faible. » « On a pris un gros coup de massue. On ne peut s'en prendre qu'à nous-mêmes », se désole Danzé. Et le défenseur Kana-Biyik de se désespérer : « Il aurait mieux valu ne pas venir au Stade. On n'est pas tous faits pour les grands matchs. »

Quant aux Guingampais, ils gardent les pieds sur terre à l'image de leur attaquant Douniama : « On a terminé un boulot, on en a un autre à finir. » Allusion au maintien en Ligue 1 que Guingamp va brillamment assurer dans la foulée, preuve qu'un bonheur n'arrive jamais seul.

Yatabaré – Martins Pereira : les buteurs.

« Il aurait mieux valu ne pas venir au Stade. On n'est pas tous faits pour les grands matchs.

JEAN-ARMEL KANA-BIYIK

19 avril 2014, Stade de France, Saint-Denis

PARIS SAINT-GERMAIN FC - OLYMPIQUE LYONNAIS : 2-1

PARIS VAUT BIEN UNE COUPE

Au cœur d'une fin de saison difficile, le réveil d'Edinson Cavani, auteur de deux buts en finale, offre au PSG un doublé championnat-Coupe de la Ligue. L'objectif des deux titres, fixé par le propriétaire qatari en début de saison, est atteint dans la douleur.

C'est le propre des victoires en finales de Coupes de tout emporter, de tout balayer, notamment les errements et les angoisses. La manière n'est jamais mauvaise et les coups de pouce sont toujours les bienvenus. Les joueurs du PSG, dont certains visitaient pour la première fois le Stade de France, ont aussi gagné le droit d'exulter. En battant Lyon (2-1) au bout d'un prestigieux parcours qui leur a fait revisiter l'histoire de France du football contemporain (OM excepté) au fil de succès contre Saint-Étienne, Bordeaux et Nantes, ils ont offert à leur club sa quatrième Coupe de la Ligue (record de l'épreuve) en même temps que le premier doublé (Coupe et championnat) de son histoire.

Mais ils l'ont fait au milieu d'une période un peu trouble, marquée par deux défaites consécutives, une rareté pour eux, à Chelsea (3-1) et au stade Gerland (1-0). Sans son inspirateur Zlatan Ibrahimovic, blessé, Paris est orphelin et semble avoir été rattrapé par la fragilité. Enfin rendu à ce poste d'attaquant de pointe auquel il aspire tant, Cavani a perdu son efficacité. Et une ombre semble planer sur l'avenir de l'entraîneur.

Comme toujours, la vérité doit sortir du terrain et là, dans la froidure d'un soir d'avril, Paris semble d'abord avoir retrouvé ses vertus. On joue depuis seulement trois minutes quand, d'une superbe talonnade, Lavezzi propulse Maxwell dans la surface de réparation. Le Brésilien pique le ballon au-dessus de Lopes, le gardien lyonnais. Face au but, le pied droit de Cavani est le plus prompt.

LACAZETTE RELANCE LE SUSPENSE ET LA POLÉMIQUE

Soulagé par cette entame de rêve, Paris monopolise la balle et pèse de tout son poids sur la rencontre, comme si la quinzaine maudite n'avait jamais existé. Voilà maintenant Lucas qui casse les reins de l'arrière-garde lyonnaise. Lopes met fin à sa chevauchée d'une sortie kamikaze. Penalty et carton jaune décident l'arbitre M. Lannoy. Hélas pour lui, si la faute est indiscutable, elle a été commise hors de la surface.

Cavani n'en a cure. Il double la mise d'une frappe en force (32e) inscrivant son 24e but officiel de la saison. Mais c'est toute la partie sombre de la finale qui vient de s'écrire. D'autant que l'Uruguayen rate la balle du K-O (36e), seul face à Lopes, et que la seconde mi-temps va être lyonnaise.

Le superbe but de Lacazette, son 21e de la saison, au terme d'une percée dans l'axe ponctuée d'une frappe à ras de terre de 20 mètres (56e), relance son équipe, le suspense et... la polémique. On entendra même en cours de rencontre le défenseur lyonnais Bisevac lancer à l'arbitre, qui vient de brandir sous son nez un carton jaune (72e) : « Il n'y avait pas penalty en première mi-temps. »

Pour l'instant, Paris est aux abois, Paris est maladroit. Sa dernière demi-heure est une souffrance. Dans la joie ultime, il y aura aussi beaucoup de soulagement.

Laurent Blanc prend une petite revanche personnelle : « Avant le match, j'avais l'impression que Lyon était en train de réaliser une saison extraordinaire et Paris une saison médiocre. Gagner ce titre était nécessaire pour valider une très bonne saison. Mon bonheur s'arrête là. » Son parcours parisien, lui, continuera.

En matière d'acidité, les Lyonnais font évidemment beaucoup plus fort. L'erreur de M. Lannoy les exaspère. Ce n'est pas la première fois de la saison que des décisions arbitrales les lèsent.

L'entraîneur Rémi Garde est grinçant : « Pour le prochain match, je vais appeler mon collègue toulousain afin de voir si l'on

« Il n'y avait pas penalty en première mi-temps.

MILAN BISEVAC

ne peut pas s'arbitrer entre nous. » Même son de cloche chez le président Aulas : « C'était possible de revenir. D'ailleurs, on l'a fait, mais entre-temps, il y a eu ce penalty. On est dans une hérésie incroyable. »

Conclusion de l'attaquant lyonnais Gomis : « Nous nous sommes battus et nous ne méritions pas ce résultat. » Conclusion du Parisien Matuidi : « Les grandes équipes répondent toujours présent et on a répondu présent. »

S'ils le disent…

Verratti fait flotter son drapeau « Jallet 26 » dans l'allégresse générale.

Championnat de France

SAISON 1988-1989

L'OM SUR UN TAPIE VOLANT

La conquête d'un premier titre de champion pour l'OM de Bernard Tapie et de Jean-Pierre Papin marque un tournant dans la vie agitée du club olympien. Le PSG a résisté de son mieux, mais il s'est incliné face à l'Histoire en marche.

Michel Platini a beau en être devenu son sélectionneur, l'équipe de France n'ira pas à la Coupe du monde 1990. Parallèlement, le championnat est sinistre. Jamais aussi peu de buts n'y ont été marqués. Le PSG finira 2e avec 45 buts au compteur en 38 matchs, une misère. Bernard Tapie, le président de l'OM, dit les choses comme il les pense : « Cette saison, j'ai vu en tout et pour tout deux heures de bon football. »

Tapie est devenu patron de l'OM trois ans plus tôt. Il a débarqué sur la Canebière entouré de Gérard Banide – champion de France avec Monaco en 1982, comme entraîneur – et de l'emblématique Michel Hidalgo. « Nous arrivons ensemble, nous partirons ensemble », avait déclaré le président marseillais. En foi de quoi, il a viré Banide en août 1988 après deux journées. Il aurait aimé qu'Hidalgo le remplace. Celui-ci a refusé car Banide est son ami. Tapie et Hidalgo, c'est le mariage de la carpe et du lapin, de l'homme sans scrupules et du parfait honnête homme. Hidalgo est une caution morale qui arrange bien Tapie. Quoi qu'il en soit, sur le terrain, l'OM avance donc, sous la conduite du débutant Gérard Gili.

Le PSG de Tomislav Ivic semble devoir être la surprise de la saison. La machine à défendre construite par l'entraîneur yougoslave est en tête à mi-parcours avec 7 points d'avance sur l'OM. Mais elle se dérègle au mois de janvier et se fait rattraper en trois matchs avant qu'un équilibre ne se recrée.

Papin le dynamiteur

Avec son fer de lance Jean-Pierre Papin (« le seul joueur que je ne laisserai pas partir », dit de lui Tapie), l'OM a beaucoup plus de panache. Huard, Thys, Di Meco, Sauzée, Le Roux, Germain, Vercruysse, les Allemands Förster et Allofs sont ses piliers.

Le match-clé se déroule au stade Vélodrome où Marseille reçoit Paris pour le compte de la 35e journée. Au coup d'envoi, les hommes de Gili ont un point de retard sur les Parisiens. La rencontre est affreuse, seulement illuminée par la frappe victorieuse de Sauzée dans le temps additionnel (1-0, 90e + 2). « Le bon Dieu nous a punis parce que nous n'avons pas joué », déclare, dépité, le président parisien Francis Borelli.

Deux journées plus tard, profitant d'un horrible match nul (0-0) du PSG sur le terrain de Lens, la lanterne rouge, c'est contre Auxerre que l'OM décroche le titre grâce à deux buts de JPP (2-0). Avec 22 buts, Papin est sacré meilleur buteur pour la seconde saison d'affilée. « Ce titre est pour Bernard Tapie, dit-il. Tout ce qu'il touche se transforme en or. »

C'est la cinquième fois que Marseille est champion et la première depuis 1972. Cette année-là, conduit par ses deux attaquants vedettes Skoblar et Magnusson, les Olympiens avaient réalisé le doublé. Un triplé de JPP lors d'une formidable finale de Coupe contre Monaco (4-3), assorti d'une bise historique du buteur magique au président Mitterrand, permet à Tapie de faire aussi bien.

Mais pour le président fonceur, il ne s'agit là que d'une étape. La France à ses pieds, il peut maintenant partir à la conquête de l'Europe.

Papin, ici opposé aux Bordelais Dropsy et Lizarazu, termine meilleur buteur de la saison 1988-1989 avec 22 buts.

adidas
Fly
Emirates

Coupes et championnats d' EUROPE

24 mai 2014, Estadio de la Luz, Lisbonne

REAL MADRID - ATLÉTICO MADRID : 4-1 (après prolongations)

LE REAL TIENT SA DECIMA

Recordman du nombre de succès dans l'épreuve, le Real remporte sa dixième couronne européenne. Il l'attendait depuis douze ans.

Déjà, deux finalistes d'un même pays, c'est difficile à accepter. Il y a dans cette incongruité l'idée d'une Coupe d'Europe qui n'en serait pas vraiment une. Mais l'habitude et la routine étant ce qu'elles sont, cette spécificité a fini par être tolérée, assimilée. C'est arrivé cinq fois depuis 2000*, alors il n'y a qu'à dire que c'est l'air du temps, l'époque qui veut ça et le football qui évolue. Mais deux clubs d'une même ville, c'est une première à la fois extraordinaire et étrange. À Lisbonne, tout Madrid se précipite pour un derby, cette fois, à résonance continentale.

Vainqueur en 1956, 1957, 1958, 1959, 1960, 1966, 1998, 2000 et 2002, le Real est évidemment favori. Son expérience et son ambition parlent pour lui. En face, l'Atlético rêve d'être le troisième club espagnol (après le Real et Barcelone) à inscrire son nom au palmarès, quarante ans après sa dernière apparition à ce niveau, battu par le Bayern Munich de Franz Beckenbauer (4-0). Et pendant longtemps, longtemps, il va penser y parvenir. Diego Godin, à la 35e minute, a profité d'un placement mal assuré d'Iker Casillas pour le lober (35e, 1-0). Le Real, où le trio offensif Bale-Benzema-Ronaldo, peine à peser sur la rencontre. Benzema, qui joue malgré une légère blessure, laisse d'ailleurs sa place à Morata (79e).

À cet instant, la Ligue des champions est pour l'Atlético, mais, dans le temps additionnel, le Real va renverser la situation. Comme en demi-finale, c'est Sergio Ramos, « le meilleur défenseur du monde », selon son entraîneur, Carlo Ancelotti, qui marque (93e, 1-1). Il arrache une prolongation dans laquelle l'Atlético n'existera plus. Bale (110e, 1-2), Marcelo (118e, 1-3), et Ronaldo (119e, 1-4) donnent au score une ampleur qui ne reflète pas le cours des choses. « Mais le Real a été supérieur dès la seconde période, reconnaît Diego Simeone. Il nous a acculés sur notre moitié de terrain, on ne pouvait pas s'en sortir. »

LA FIERTÉ D'ANCELOTTI

De l'autre côté, Carlo Ancelotti est soulagé. « Lors de ma première journée à Madrid, raconte-t-il, je suis allé dans la salle des trophées avec le président Florentino Pérez. Je lui ai dit qu'il en manquait un, la decima, la dixième Ligue des champions, et que nous allions l'obtenir ! Nous y sommes parvenus et je suis très heureux et très fier de mon équipe. La différence, ça a été de réussir à égaliser. Ils défendaient très bien et nous n'avions pas d'espaces. Quand on est revenus à 1-1, le match a complètement changé. »

Et l'Atlético s'est retrouvé balayé. « Mais il n'y a ni tristesse ni amertume, confie Simeone. Le foot, c'est merveilleux à cause de choses comme ça. » Merveilleuse conclusion.

* Real-Valence (2000), Milan-Juventus (2003), Manchester-Chelsea (2008), Bayern-Dortmund (2013), Real-Atlético (2014).

Ramos et Casillas
l'attendaient depuis
si longtemps.

MADRID A RENDEZ-VOUS

Attendu comme un gigantesque sommet, le choc entre le Real et le Bayern n'offre aucun suspense tant les Madrilènes sont supérieurs. Et l'affrontement intense a lieu dans l'autre demi-finale, qui oppose le surprenant Atlético au redoutable Chelsea de José Mourinho.

Se méfier des souvenirs. Souvent, ils ne sont pas conformes à la réalité, mais racontent l'idée qu'on s'en fait, filtrée par le temps qui passe. Alors, quand le Bayern et le Real sont promis à l'affrontement en demi-finale de la Ligue des champions, c'est une finale avant l'heure qui se dessine pour tous. Le Bayern, tellement exceptionnel la saison précédente ; le Bayern de Franck Ribéry, le presque Ballon d'or ; le Bayern de Pep Guardiola, le cauchemar du Real du temps où il porta le Barça au sommet du monde. Le Real, tellement galactique et revanchard après son élimination de la saison précédente face au Borussia Dortmund ; le Real de Cristiano Ronaldo, le Ballon d'or ; le Real de Carlo Ancelotti, tellement plus avenant que celui de José Mourinho.

Le passé pèse tellement, ou en tout cas l'image qu'on en garde, que l'avenir est certain : ce sera un match de folie, un sommet de spectacle et de haut niveau. C'est écrit. Sauf qu'en dehors du but de Karim Benzema à la 19e minute, à Santiago-Bernabeu, la première manche serait quasiment terne. Ce que Carlo Ancelotti dit avec d'autres mots : « C'était un match difficile et je suis satisfait de la façon dont les choses ont tourné. Par moments, nous avons souffert, mais nous avons été bons sur le plan offensif. » Sans Gareth Bale, leur dynamiteur gallois, et avec un Cristiano Ronaldo diminué, les Madrilènes n'ont pas dégagé leur habituelle impression de puissance. « Cristiano a fourni beaucoup d'efforts pour être aligné, mais il n'était qu'à 50 %, reconnaît Ancelotti. Au début, on était timorés et on perdait souvent la balle, mais ça s'est arrangé en seconde période où le Bayern a été moins efficace. »

> « C'était un match difficile et je suis satisfait de la façon dont les choses ont tourné.
>
> CARLO ANCELOTTI

Benzema serré de près par Boateng
mais c'est le Real qui réussira à s'imposer.

Bale ravit la vedette à Ribéry.

Pep Guardiola partage son avis. « Ce qui nous manque, c'est un but, estime l'entraîneur du club bavarois. Mais je suis fier de mon équipe qui a montré beaucoup de force contre une des meilleures formations du monde, certainement la meilleure en contre-attaque. Nous avons contrôlé cette rencontre, mais Madrid nous a attendus et le Real a les joueurs pour faire ça ! Nous pouvons passer encore la vitesse supérieure voire être deux crans au-dessus au retour. Bravo à Madrid, mais il reste quatre-vingt-dix minutes à jouer. »

Ce sera trop pour le Bayern. Ou pas assez. Non, trop, en fait. Le tenant du titre, dans son Allianz Arena, vit un cauchemar lors du match retour. Sergio Ramos place deux coups de tête en cinq minutes (16e, 20e) d'abord sur un corner de Modric, puis sur un coup franc de Di Maria. « Si on ne défend pas mieux sur ce type d'action, on ne peut pas espérer grand-chose », regrettera Pep Guardiola. « Nous avions préparé nos coups de pied arrêtés et nous savions qu'ils avaient des soucis au deuxième poteau », révélera ensuite Carlo Ancelotti. Comme Ronaldo marqua avant la mi-temps (34e) un troisième but pour les Merengues, l'affaire était entendue rapidement. Le sommet n'avait pas vraiment eu lieu, une seule montagne s'étant déplacée. Et le dernier but, encore réussi par Ronaldo (89e), mettait autant la tête sous l'eau des Allemands qu'il assurait au Portugais le record du nombre de réalisations en une saison de Ligue des champions (16).

GUARDIOLA : « C'EST MA RESPONSABILITÉ »

Après le triplé du Bayern sous les ordres de Jupp Heynckes en 2013, Pep Guardiola en était réduit à gérer la déception des siens : « Je vais essayer de remonter le moral de mes joueurs. Quand vous n'avez pas le ballon, ça ne peut pas marcher… Et quand nous l'avions, nous l'avons mal utilisé et ça, c'est ma responsabilité. » Contrition chez les Bavarois, satisfaction chez les Espagnols, de retour en finale de la Ligue des champions pour la première fois depuis 2002. « Les choses se déroulent parfaitement et pour gagner, nous avions besoin d'une prestation énorme de tout le monde », dit Carlo Ancelotti, préparé à affronter son prédécesseur sur le banc madrilène, José Mourinho, entraîneur de Chelsea, ou son rival local, Diego Simeone, coach de l'Atlético Madrid.

« Jusqu'à ce penalty, je ne pense pas que l'Atlético Madrid était meilleur que nous.

JOSÉ MOURINHO

Diego Costa, bourreau de Chelsea.

Ce sera l'Atlético. Presque une surprise, l'autre club de Madrid n'ayant plus fréquenté la finale de la plus prestigieuse compétition européenne depuis quarante ans. Tout n'était pas parfaitement parti, pourtant. À l'aller, en Espagne, l'Atlético, vainqueur en quart de finale du FC Barcelone, n'arrive pas à renverser le mur dressé par Chelsea. Pas de but et, selon Simeone, « l'avantage pour l'adversaire » en prévision du retour. « On peut se qualifier en disputant le match de notre vie à domicile, estime José Mourinho. C'était un match d'hommes, dur, tactique et si ce n'est pas un grand résultat, peu d'équipes sont reparties d'ici sans perdre. Nous aurons notre finale à nous à Stamford Bridge. »

La confiance, logiquement, est londonienne. Cette première manche, qui met aux prises deux équipes solides, n'a pas permis aux Madrilènes d'obtenir l'avantage dont ils rêvaient. « On n'a pas réussi à marquer ce but qui aurait pu faire basculer la rencontre », reconnaît Simeone dont l'équipe, moins expérimentée, doit désormais réaliser un véritable exploit en Angleterre. Là, le Paris SG, que l'on présente comme plus talentueux que l'Atlético, s'est brisé la mâchoire en quarts de finale. Et le magnétisme de Mourinho opère à plein. D'ailleurs, lorsque Fernando Torres ouvre le score (36e, 1-0), sans célébrer son but face à son club formateur (il y a passé douze années entre 1995 et 2007), personne ou presque ne mise sur la qualification des Madrilènes. « Oui, Torres a marqué, mais à ce moment-là, on savait que si on marquait, on se qualifiait puisqu'on était à l'extérieur », raconte Diego Simeone.

Facile... L'égalisation d'Adrian Lopez, juste avant le repos, lui donne raison (44e, 1-1). À la mi-temps, contre toute attente, les Colchoneros sont en finale. La suite tournera en leur faveur. Samuel Eto'o, revenu défendre, bouscule Diego Costa dans la surface et offre à l'attaquant espagnol d'origine brésilienne un penalty qui secoue les Blues (60e, 1-2). « Jusqu'à ce penalty, je ne pense pas que l'Atlético Madrid était meilleur que nous, analyse Mourinho. Mais après ce deuxième but, sur le plan mental, il n'y avait plus qu'une seule équipe sur le terrain. C'est une vraie équipe et elle mérite sa victoire. » Le dernier but du Turc Arda Turan (71e, 1-3) confirme la sensation du manager de Chelsea dont l'équipe a cédé. « On mérite cette finale », assure Diego Simeone, certifiant que, sur le sujet, tout le monde est d'accord.

LA POULE AUX YEUX D'OR

En Ligue des champions, Paris tombe dans un groupe dont il est le logique favori. Les Parisiens tiennent facilement leur rang au point de susciter, parfois, de fous espoirs.

Il paraît que le Paris SG est un grand d'Europe. Ah bon ? Comment peut-on imaginer cela ? Un club qui n'a remporté que deux titres de champion de France en vingt ans (1994, 2013), une Coupe des Coupes au siècle dernier (1996) a le droit d'entretenir l'illusion qu'il est un grand d'Europe à partir du moment où il déclare que son ambition est de remporter la Ligue des champions.

Eh oui, c'est comme ça. C'est vrai que ça ne marcherait sans doute pas automatiquement avec Limoges, Alès ou Nœux-les-Mines, mais avec Paris, ça prendrait presque. Et voilà qu'à l'entame de la saison 2013-2014, les Parisiens sont dans le paquet des favoris, comme on dit en cyclisme. Le Bayern ? Oui, mais bon, pas vraiment de stars en fait ; et puis, pas si impressionnant. Le Real et le Barça ? Oui, OK, ils ont des superstars, mais le Barça est en déclin et n'a pas battu Paris en quart de finale l'année précédente (2-2, 1-1), et le Real n'a pas mieux recruté que le PSG, hein ! Les Anglais ? Manchester United est en transition, Chelsea à la peine. Seul Manchester City mériterait qu'on s'y attarde. Dortmund ? Finaliste heureux en 2013, mais l'effectif parisien, c'est autre chose, mesdames, messieurs !

C'est aussi à cela que sert l'argent : à rêver plus grand, comme dit le slogan (la baseline disent les gens qui veulent avoir l'air intelligent et moderne alors qu'ils manquent simplement de vocabulaire). Paris veut rêver plus grand et ce n'est pas son groupe qui rabotera ses songes de nuits d'automne. Olympiakos en entrée, au Pirée, prend une rouste (1-4) qui aurait pu prendre davantage d'ampleur sans un penalty manqué par Zlatan Ibrahimović (82e).

HOENESS : « IBRAHIMOVIC EST UNE PRIMA DONNA »

Le Suédois fascine, intrigue, mais pas partout. À Munich, où l'on vient de lire son autobiographie, on n'apprécie pas qu'il ose égratigner l'entraîneur du Bayern, Pep Guardiola, qui fut son coach au Barça. Alors, le président Uli Hoeness réagit : « Ibrahimović est une prima donna malade qui n'a jamais digéré son départ de Barcelone. » L'attaquant parisien a d'autres préoccupations car il pense à la réception de Benfica. « Nous devons jouer comme une machine », annonce-t-il. En face, les Portugais sont sixièmes au classement UEFA (1. Barcelone, 2. Bayern, 3. Real, 4. Chelsea, 5. Manchester United).

> « Nous devons jouer comme une machine.
>
> ZLATAN IBRAHIMOVIĆ

Ibra + Cavani = gros danger.

ZLATAN avec les géants

Lors du match à Bruxelles, face à Anderlecht (5-0), le 23 octobre 2013, Zlatan Ibrahimović a inscrit son premier quadruplé en Ligue des champions. Le Suédois en avait réussi deux en sélection nationale (en 2004 contre Malte et en 2012 contre l'Angleterre). Il est le premier joueur du Paris SG à accomplir cette performance et le dixième dans l'histoire de la Ligue des champions, sachant que deux joueurs évoluant dans des clubs français figurent dans ce Top 10 : le Croate de Monaco Dado Prso, contre La Corogne en 2003, et Bafétimbi Gomis, avec Lyon face au Dinamo Zagreb en 2011. Les sept autres membres de ce club sont les Néerlandais Marco Van Basten et Ruud Van Nistelrooy, l'Italien Simone Inzaghi, l'Ukrainien Andreï Chevtchenko, l'Argentin Lionel Messi, l'Allemand Mario Gomez et le Polonais Robert Lewandowski. Trois Ballons d'or (Van Basten, Chevtchenko et Messi) figurent dans cette liste.

« Quand on maîtrise la possession de balle, ça donne des matchs comme ce soir, sans aucune frayeur. Mais il faut avoir les joueurs pour le faire et j'ai la chance de les avoir.

LAURENT BLANC

Ils étaient 23es en 2009, lorsque arriva leur entraîneur Jorge Jesus. « Pour vous, mon nom est une bénédiction, dit-il aux journalistes. Mon équipe gagne et c'est un miracle, elle perd et Jesus est crucifié. Et au troisième jour, il peut ressusciter ! » Ibrahimović le crucifiera, marquant le sixième doublé de sa carrière en Ligue des champions (5e, 30e), le défenseur brésilien Marquinhos inscrivant le troisième but (25e) de la victoire parisienne (3-0). « Quand on maîtrise la possession de balle, ça donne des matchs comme ce soir, sans aucune frayeur, se réjouit Laurent Blanc, le technicien parisien. Mais il faut avoir les joueurs pour le faire et j'ai la chance de les avoir. »

BLANC : « IL Y A DES ÉQUIPES PLUS LÉGITIMES QUE LA NÔTRE POUR GAGNER LA C1 »

En tête de son groupe après deux journées, le Paris SG peut éventrer la porte des huitièmes de finale s'il gagne à Bruxelles, contre Anderlecht, qui n'a jamais franchi la phase de poules depuis la réforme de la Ligue des champions en 1991-1992. Un succès 5-0 plus tard, dont un quadruplé d'Ibrahimović, et voilà Paris tranquillisé. Le retour face aux Belges s'annonce relax et c'est effectivement le 32e match d'affilée des Parisiens sans défaite. Sauf que c'est nul. 1-1, avec une ouverture du score de De Zeeuw à la 68e qui fit même craindre le pire pendant… deux minutes, Ibrahimović rétablissant la situation (70e) rapidement. « Tout le monde pensait qu'on allait encore leur mettre cinq buts, mais ce n'est pas comme ça que ça marche, dit le Suédois. On a vraiment eu des difficultés et un point, c'est mieux que zéro. » Imparable raisonnement mathématique.

Une autre équation scientifique incontestable consiste à dire qu'en cas de match nul face à Olympiakos, les Parisiens seront certains de terminer en tête de leur poule. « L'importance de ce match est énorme », assène le Brésilien Maxwell. À la 7e minute, Paris mène (but d'Ibrahimović). Mais à la 80e minute, alors que Marco Verratti a été expulsé dès la reprise (46e), le PSG est rejoint après un but de Manolas (1-1). « C'est quand même plus difficile à dix contre onze », expliquera Laurent Blanc, comme s'il ne voulait pas être en reste côté formules scientifiques qui n'appellent pas de débat. Juste à la fin du temps réglementaire, Edinson Cavani donne la victoire aux siens dans un Parc des Princes définitivement rassuré, et qui suivra de loin le dernier match, perdu à Lisbonne (1-2) face au Benfica. Ce qui compte, c'est la phrase de Laurent Blanc, entraîneur qualifié pour les huitièmes de finale : « Il y a des équipes plus légitimes que la nôtre pour gagner la Ligue des champions. Nous avons de l'ambition, mais ne comptez pas sur moi pour le claironner dès maintenant. » C'est une manière de dire tout et son contraire en deux phrases. Tout l'inverse d'une équation imparable. Mais peut-être, aussi, une prémonition.

Blanc apprécie.

8e DE FINALE
18 février et 12 mars 2014
BAYER LEVERKUSEN

1/4 DE FINALE
2 et 8 avril 2014
CHELSEA

PARIS PREND SA LEÇON

Alors que le Paris SG se mettait à rêver, Chelsea et José Mourinho l'ont ramené sur terre. L'expérience, la roublardise et la patience sont des qualités essentielles dans le football de très haut niveau.

Oui, Paris est plein d'ambition. Oui, Paris rêve de remporter la Ligue des champions. Oui, Paris rêve de s'asseoir à la table du Bayern, du Barça, du Real, de Manchester United. Oui, Paris rêve d'étoffer son palmarès sportif et de ne pas être considéré simplement comme une machine à sous. Alors, quand Paris apprend que son destin en C1 prendra forme à Leverkusen, Paris est heureux. Pas de piège apparent avec cette formation allemande sans vedette, sans passé européen effrayant (dernière apparition sur le radar : 2002, en finale face au Real Madrid) et sans fortune immense, même si elle est adossée au groupe pharmaceutique Bayer.

D'ailleurs, Leverkusen est en cure d'aspirine car ses deux défaites d'affilée, en Coupe face à Kaiserslautern, qui joue en D2 (0-1), puis en championnat contre Schalke (1-2), lui valent des migraines. « Ce ne serait pas plus mal si les Parisiens pouvaient nous sous-estimer », gémit Sami Hyypiä, l'entraîneur finlandais de l'équipe allemande. Laurent Blanc ne sous-estime pas, il analyse : « C'est une équipe très athlétique et dans les airs, on est en déficit par rapport à elle, mais, paradoxalement, elle prend beaucoup de buts sur coups de pied arrêtés. » Elle est surtout obèse en défense et d'une lenteur qui n'arrangera pas ses affaires. Matuidi (3e), Ibrahimović, (39e) sur penalty, Ibrahimović, encore (42e). Pim, pam, poum ! 3-0 au repos. L'expulsion de l'ancien Montpelliérain Spahic, peu avant l'heure de jeu, n'arrange pas les affaires de Leverkusen. Et Cabaye donne davantage de sérénité aux siens à quelques instants de la fin du match (88e, 0-4). « On voulait être compacts, agressifs et placer des contres, dira Hyypiä. Ça s'est peu vu en première période… 4-0, ça fait lourd, mais ça souligne la classe de cette équipe parisienne. » « On n'a pas permis à cette équipe d'entrer dans le match, poursuit Blanc. On savait que le Bayer n'était pas au mieux sur le plan de la confiance et il fallait attaquer le match de façon qu'ils ne la retrouvent pas. »

IBRA REJOINT… FONTAINE

Au passage, Zlatan Ibrahimović devient le deuxième joueur d'un club français ayant marqué dix buts dans cette compétition, le premier étant Just Fontaine, avec Reims en 1958-1959. Le festival de chiffres donnerait presque le tournis, surtout à Leverkusen. Déjà éclatée en phase de poules par Manchester United (2-4, 0-5), la formation allemande ploie dès que l'opposition est offensivement solide. Comme elle n'a jamais inscrit plus de trois buts en trente-cinq matchs de Ligue des champions, comme aucune équipe ayant encaissé un 4-0 à l'aller ne s'est qualifiée en Coupe d'Europe depuis quarante-trois ans, son voyage vers Paris s'annonce comme une formalité pour son adversaire.

Inconsolable Thiago Silva même par Willian,
son compatriote et partenaire en Seleçao.

Au final, Marquinhos (13e) et Lavezzi (53e) permettent au Paris SG de l'emporter (2-1), Sirigu détournant un penalty de Rolfes à la 28e minute alors que le score était nul (1-1, but de Sam à la 6e pour le Bayer).

Et voilà Paris qui, n'oubliant pas son rêve (il est marqué sur le bus de l'équipe, après tout), verse dans une sorte d'euphorie alimentée par les commentaires de sa victime du jour. « Paris peut aller très loin dans cette compétition », lâche Hyypiä. « Les choses sérieuses vont commencer, estime Blanc. Ce qui compte, c'est aller le plus loin possible : comprenez qu'il n'y a pas de limite. » Pour ceux qui n'ont pas tout compris, le capitaine, Thiago Silva, traduit : « J'espère gagner la Ligue des champions avec le PSG. »

IBRAHIMOVIC : « CHELSEA EST LÀ DEPUIS DIX ANS ET A TOUT GAGNÉ »

Au moins, c'est clair. Alors qu'il ne reste que huit équipes, Paris affiche son ambition : gagner. Pas simplement « faire aussi bien que l'an dernier », selon l'objectif fixé en début de saison par le président Nasser Al-Khelaïfi, à savoir aller en quart de finale. En quart, Paris y est. Face à Chelsea. Chelsea ? Oui, bof, en dehors de José Mourinho, rien d'effrayant : une équipe vieillissante qui a peiné à trouver son rythme et n'a impressionné personne. « Si l'on commence à avoir peur des contres de Chelsea, on va dénaturer notre jeu », annonce Laurent Blanc. Zlatan Ibrahimović rappelle toutefois quelques éléments de vérité : « Chelsea est là depuis dix ans. C'est une très grande équipe qui a tout gagné. »

Si Lavezzi donne vite l'avantage au Paris SG (3e, 1-0), cela ne déclenche pas la déferlante à laquelle le Parc des Princes est habitué en Ligue 1. Au contraire, les Parisiens semblent congelés par leur avance. Et arrive ce qui doit arriver : une faute dans la surface de Thiago Silva sur Oscar, un penalty de Eden Hazard et un score qui devient très favorable aux Anglais (27e, 1-1).

En seconde période, les Parisiens semblent se souvenir qu'ils évoluent à domicile. Ils avancent et finissent par plier la défense des Blues, David Luiz inscrivant un but contre son camp (61e,

« Ce but est une plaisanterie. On a pris plaisir à regarder Pastore !

JOSÉ MOURINHO

Pastore, extatique après son but.

2-1). C'est mieux, mais cela reste un bon résultat pour Chelsea en vue du match retour à Stamford Bridge. Alors Javier Pastore, qui vient d'entrer en jeu, s'offre quelques dribbles, éliminant quatre adversaires dans la surface avant de tromper Petr Cech, pas très impérial, dans les arrêts de jeu (90e+3, 3-1). Pas mal ! « Ce but est une plaisanterie, apprécie Mourinho. On a pris plaisir à regarder Pastore ! » « Ce troisième but change tout, estime à sa manière Blanc. Chelsea sera obligé d'attaquer et ça nous permettra d'avoir des contres. » Pastore, le buteur, voit les choses différemment : « Le résultat n'est pas excellent car Chelsea a marqué chez nous. »

BLANC : « LA DIFFÉRENCE, C'EST L'EXPÉRIENCE »

Ça va compter. Même si les choses sont simples, selon Mourinho : « Aborder un match avec deux buts de retard est facile : tu n'as qu'une chose à faire, attaquer, attaquer et attaquer... » On ne sait pas trop si Chelsea attaque à Stamford Bridge, mais ça n'a pas vraiment l'air dangereux. Quand Hazard se blesse et qu'il est remplacé par l'Allemand André Schürrle (18e), l'idée que ça s'engage mal pour les Blues traverse quelques esprits. Quand Schürrle ouvre le score à la 32e minute, l'idée que c'est mal engagé pour les Parisiens traverse les mêmes esprits dans l'autre sens. Et quand Demba Ba marque du tibia à trois minutes de la fin, la sensation que ça se termine très mal pour le PSG devient réalité (2-0, 87e). « Mes petits frères souhaitaient que Chelsea perde », s'excuse le buteur, né à 3 kilomètres du Parc des Princes et grand supporter du PSG.

Mais comme un an plus tôt, Paris s'arrête là, en quart. « C'est une belle victoire, mais pas la plus belle de ma carrière, clame Mourinho. Il n'y a rien d'extraordinaire. » Ça l'est, si l'on considère que, pour la première fois de la saison en Coupe d'Europe, le Paris SG n'est pas parvenu à marquer. « Nous n'avons jamais réussi à mettre notre jeu en place », reconnaît l'international italien Thiago Motta. « On a trop reculé en seconde période, admet Laurent Blanc. Pour moi, la différence, c'est l'expérience : Chelsea a davantage l'habitude que nous de disputer ce genre de matchs. » L'expérience, Paris paie depuis deux saisons pour savoir que ça ne s'achète pas.

Demba Ba qualifie Chelsea.

LE CALVAIRE DE L'OM

Dans un groupe difficile, l'Olympique de Marseille a cumulé les revers et constaté les dégâts : six matchs, six défaites, zéro point. Marseille, seul club français vainqueur de l'épreuve, est tellement loin du haut niveau international...

Schtroumpf grognon.

Tout cela est alléchant : Arsenal, Dortmund et Naples dans le groupe de l'OM, c'est évidemment l'assurance de grandes difficultés, mais aussi celle de grandes soirées européennes. Du jeu, des publics de feu, des stades légendaires. Tout est réuni pour une campagne continentale haletante et, comme toujours, le premier match, qui amène Arsenal au stade Vélodrome, s'annonce crucial. Il sera fatal. 2-1 pour les Anglais, qui marquent deux fois en vingt minutes (64e et 84e), Jordan Ayew réduisant la marque sur penalty dans le temps additionnel. « En Ligue des champions, l'équipe qui marque la première gagne dans 78 % des cas », relève Arsène Wenger, l'entraîneur des Gunners.

Arsenal, qui n'a jamais brillé en C1 depuis sa finale de 2006 (perdue face à Barcelone), était donc trop fort pour les Marseillais. Que peut-il en être du finaliste sortant, le Borussia Dortmund, qui, depuis le début de la saison, a marqué un but, au moins, à chaque sortie. « C'est une machine de guerre », prévient le président de l'OM, Vincent Labrune. Pas faux. 3-0. Lewandowski, deux fois (18e et 80e, sur penalty), et Marco Reus (52e) sont les buteurs du club allemand. « Le score est lourd », constate l'entraîneur marseillais Elie Baup. La dernière fois que l'OM avait encaissé trois buts en Ligue des champions, c'était en décembre 2009 face au Real Madrid (1-3). Et puisque les statistiques ne sont que douleur, celle-

Le Vélodrome ne sera plus entendu.

ci vient édenter davantage les Marseillais : depuis dix ans, seuls 10 % des équipes ayant perdu leurs deux premières rencontres sont parvenues à se qualifier pour les huitièmes de finale…

MANDANDA : « ON SE PREND POUR DES GRANDS, MAIS, EN FAIT, ON EST RIEN DU TOUT »

Qu'importe, l'exploit et le frisson sont donc au bout de la route. Il suffit pour cela de terrasser le Napoli. Sauf que, comme d'habitude, Marseille coule. Callejon avant le repos (42e), Zapata après l'heure de jeu (67e) : l'OM sombre, et le but tardif d'André Ayew (86e) n'y change rien. « À chaque fois, on dit qu'on n'est pas loin, mais on n'a aucun point et on est à moins 5 en différence de buts après trois rencontres », constate le défenseur Souleymane Diawara. Et l'entraîneur espagnol de Naples, Rafael Benitez, analyse cruellement ce qu'il a vu : « Peut-être l'OM ne sait-il tout simplement pas tenir la même intensité pendant quatre-vingt-dix minutes. »

Y parviendra-t-il deux semaines plus tard, au match retour au pied du Vésuve ? Presque. 2-2 autour de l'heure de jeu (Ayew et Thauvin pour Marseille, Inler et Higuain pour Naples). Mais l'Argentin Gonzalo Higuain surgit à la 75e minute pour donner la victoire (3-2) à son équipe. Quatrième défaite d'affilée pour l'OM. « L'aspect comptable est très douloureux », reconnaît Elie Baup. « On croit être au niveau et, à chaque fois, c'est la même chose », s'énerve Bruno Cheyrou.

Désormais, il faut juste miser sur un miracle et se cramponner fermement à l'idée de l'incertitude du sport… Résultat ? Battu par Arsenal (2-0) à Londres lors de l'avant-dernière journée, l'OM est officiellement éliminé de la Ligue des champions, mais aussi de la Ligue Europa, car assuré de terminer à la dernière place de son groupe (et même avec 0 point puisque Dortmund l'emportera 2-1 lors de la 6e journée). « On se prend pour des grands, mais, en fait, on est rien du tout », juge le gardien Steve Mandanda.

> « Peut-être l'OM ne sait-il tout simplement pas tenir la même intensité pendant quatre-vingt-dix minutes.
>
> RAFAEL BENITEZ

LYON ENCORE DEHORS

Alors qu'il rêvait d'un grand retour en C1, l'Olympique Lyonnais bute sur le tour de barrage et se retrouve aiguillé vers la Ligue Europa.

Cruel destin que celui de l'Olympique Lyonnais. Longtemps, il n'y eut que lui pour éviter à la France le ridicule sur la scène européenne. Huit fois d'affilée, entre 2004 et 2011, Lyon est sorti de la phase de poules de la Ligue des champions, atteignant même les demi-finales en 2010. Mais Lyon a moins de moyens et maintenant que le Paris SG s'est renfloué, il a sacrément reculé dans la hiérarchie française et continentale. Absent en 2012-2013 car n'ayant terminé que quatrième de Ligue 1, Lyon s'apprête à retrouver la plus belle des épreuves européennes. Mais avant, il doit passer par la douloureuse épreuve de haies que constituent les barrages.

En cette fin juillet 2013, le club de Jean-Michel Aulas sait qu'il lui faudra passer deux obstacles puisque les piètres résultats français depuis cinq ans sur la scène européenne ont relégué la France parmi les pays n'ayant que deux qualifiés directs, le troisième du championnat étant contraint d'entrer dans la compétition au troisième tour préliminaire, qui lui-même précède le tour de barrages.

Le sort a attribué un quasi-voisin aux Lyonnais qui, le 30 juillet, accueillent le Grasshopper Zurich. Profitant d'une erreur de marquage de l'ancien Auxerrois Stéphane Grichting, Milan Bisevac reprend de la tête un coup franc de Clément Grenier et donne la victoire à l'OL (1-0, 63e). Une semaine plus tard, en Suisse, Grenier offre victoire et qualification aux siens (1-0, 81e). Il reste aux Lyonnais un dernier obstacle qui ne sera pas une formalité : la Real Sociedad.

Quelle formalité ? C'est un cauchemar dès la première manche à Gerland. Le Français Antoine Griezmann, dès la 17e minute, ouvre le score d'un superbe ciseau et, à peine la seconde période entamée, Seferovic double la mise pour les Basques (2-0, 50e). Bisevac expulsé à un quart d'heure de la fin, la soirée est une horreur absolue, même si une tête de Maxime Gonalons sur la barre (66e) a distillé un tout petit frisson dans le stade lyonnais. « On ne se met pas dans les meilleures dispositions », commente le capitaine de l'OL à la sortie du vestiaire tandis qu'à l'opposé, David Zurutuza, milieu de la Real Sociedad, reconnaît : « On n'espérait pas un tel résultat ici ! »

Qu'espère Lyon là-bas ? Un exploit. Huit jours après sa déconvenue à domicile, l'OL débarque à Saint-Sébastien sans réelle illusion. Il tient pourtant le choc pendant une mi-temps, mais sans parvenir à inscrire le but qui, peut-être, instillerait un doute léger dans l'esprit des Basques. Peu après l'heure de jeu, Carlos Vela exécute le maigre suspense (1-0, 67e) avant de donner un coup d'épaule à Lyon vers la sortie dans le temps additionnel (2-0, 90e+1). « Quand vous perdez deux fois 2-0, il faut avoir la lucidité de reconnaître la supériorité de l'adversaire, admet l'entraîneur lyonnais, Rémi Garde. J'aurais tellement préféré que les joueurs grandissent avec la Ligue des champions… » La Ligue Europa semble tellement plus adaptée à la taille actuelle des Lyonnais.

Bedimo-Lopes
difficile retour sur terre.

14 mai 2014, Juventus Stadium, Turin

FC SÉVILLE - BENFICA LISBONNE : 0-0 (4 tab 2)

MALÉDICTION POUR BENFICA

Deuxième échec d'affilée en finale de Ligue Europa pour les Portugais de Benfica, victimes des tirs au but et de Séville.

L'Europe ne réussit pas au Benfica. Ce sont les chiffres qui le disent. Depuis 1962, le club portugais a perdu huit fois en finale d'une Coupe européenne. Et, en 2014, il s'est incliné pour la deuxième fois d'affilée dans celle de la Ligue Europa (Chelsea avait battu le grand club portugais en 2013). Raide. Très raide, à en croire l'international argentin Ezequiel Garay : « Quand on perd, ce n'est pas facile à accepter, encore plus quand on sait que l'équipe a tout donné. Parfois, ce n'est pas le meilleur qui gagne. »

Longtemps fermée et indécise, la finale se joua aux tirs au but. Le FC Séville s'y montra plus efficace et moins fébrile que les Portugais. Le club andalou, qui complète pour la saison 2013-2014 le triomphe espagnol avec la finale 100 % madrilène de la Ligue des champions (Real-Atletico), peut ajouter à la frustration du Benfica puisqu'il remporte là sa troisième finale en autant de… participations (2006, 2007, 2014).

Un succès dans lequel le Français Kevin Gameiro, 27 ans, a sa part. L'ancien attaquant du Paris SG a inscrit le dernier tir au but des Sévillans, celui qui leur permit d'exulter. Il a raconté en détail ce moment exaltant au Parisien : « J'étais serein. Je pensais surtout à mon genou *[fragilisé par une distension du ligament interne]*. J'avais peur qu'il me lâche. Normalement, je ne devais même pas figurer sur la feuille de match de la finale. Mais je tenais absolument à être présent. J'avais convenu avec le staff que si j'étais amené à jouer, je serrerais les dents. C'est ce que j'ai fait. Mais dans de tels moments, la douleur n'existe plus. »

Auteur d'une très belle saison en Espagne, où il a inscrit 21 buts, toutes compétitions confondues, Gameiro, champion de France avec le Paris Saint-Germain de Carlo Ancelotti, a fait le plein de souvenirs. « Ça restera gravé à tout jamais dans ma mémoire, dit-il. C'est un moment magnifique. On s'est donnés à 200 %, il y avait toujours une main ou un pied qui empêchait le ballon de rentrer. On a fini par gagner avec un brin de chance. C'est le charme du football. »

Pas certain que Benfica succombe à ce style de charme, d'autant qu'après son succès en demi-finale sur la Juventus Turin (2-1, 0-0), grand favori de la compétition censé accueillir la finale dans le Juventus Stadium, le club portugais partait gagnant. Mais le FC Séville s'était aiguisé les crocs tout au long de son parcours. Outre les Slovènes de Maribor, éjectés en seizième de finale, les Sévillans ont écarté leur rival local du Betis, les Portugais, déjà, du FC Porto et les Espagnols de Valence. Bref, du solide et du latin qui les préparaient idéalement et sans euphorie à défier le Benfica.

« Ça restera gravé dans ma mémoire.

KEVIN GAMEIRO

Au terme de la séance des tirs au but, Gameiro, décisif, délivre le FC Séville.

À CHACUN SON EUROPE

Trois clubs français en Ligue Europa, trois destinées : Saint-Étienne transparent, Bordeaux aux abonnés absents et Lyon qui tient son rang.

Attention, ceci est l'histoire d'une vaste blague qui amusa l'Europe à peu près partout sauf à Bordeaux, bien sûr. C'est la saga européenne des Girondins en 2013-2014, émaillée de défaites en cascades, de matchs disputés du bout du pied et conclue, fatalement, par une élimination qui ne fit de peine à personne, sauf à Bordeaux (et encore).

BORDEAUX SE RIDICULISE

Au commencement, alors que l'automne approche, l'effectif bordelais a rendez-vous à Francfort. Ancien vainqueur de l'épreuve en 1980, l'Eintracht n'est plus une terreur de la Bundesliga depuis près de vingt ans. Il n'empêche, dans ce grand stade, les Girondins sont écrabouillés (3-0) et, déjà, mis en cause par leur entraîneur, Francis Gillot : « Avec cet effectif-là, on ne peut pas jouer sur tous les tableaux. » À ce stade de notre histoire, on ne sait pas encore que son équipe ne jouera sur aucun tableau et, c'est le charme du suspense savamment entretenu par le technicien girondin, qui démontrera, tout au long de son odyssée continentale, ses talents de raconteur d'histoires.

Son gardien, Cédric Carrasso, est plus direct : « Se laisser faire comme ça, ça m'insupporte, dit-il. Je voyais les mecs la tête baissée après le deuxième but (Russ, 16e) et ça, c'est anormal. Aujourd'hui, on ne peut pas tomber plus bas. » La réception du Maccabi Tel-Aviv est l'occasion de remonter la pente. C'est le sens de l'histoire, mais la nôtre n'a pas réellement de sens. D'ailleurs, à propos d'histoire, Gillot croit que « ce n'est pas la peine de s'en raconter : la priorité, c'est le championnat ». On ignore encore que Bordeaux achèvera la saison de L1 à la 7e place, mais comme son entraîneur est cohérent, il n'a pas changé de discours après la deuxième défaite, face aux Israéliens (1-2), dont le directeur sportif est Jordi Cruijff, ancien joueur de Manchester United et fils de Johan : « On n'a pas l'effectif pour jouer cette Coupe d'Europe. »

Heureusement, le charme d'une bonne histoire, c'est qu'elle rebondit. Alors, quand Bordeaux, à domicile, vient à bout de l'Apoel Nicosie (2-1), Francis Gillot salue ce « succès mérité qui permet de

> « Heureusement que ça s'est terminé, mais j'en ai marre d'assister à des matchs comme ça. On est une équipe de retraités.
>
> JEAN-LOUIS TRIAUD

Carrasso, seul au monde.

croire à la qualification ». À mi-parcours, c'est juste, mais un match plus loin, à Chypre, voilà les Girondins de nouveau battus (1-2) et quasiment éliminés. Ils le seront complètement la rencontre suivante. Dans leur stade, 12 000 supporters allemands viennent mettre de l'ambiance et regarder Francfort l'emporter (1-0) au grand soulagement du président Jean-Louis Triaud : « Heureusement que ça s'est terminé, mais j'en ai marre d'assister à des matchs comme ça. On est une équipe de retraités. » Qui n'a pas l'effectif pour jouer la Coupe d'Europe, on avait compris, merci.

SAINT-ÉTIENNE EXPRESS

Le football a ses mystères qu'il est parfois impossible d'élucider. Comment l'AS Saint-Étienne, qualifiée pour la Ligue Europa grâce à son succès en Coupe de la Ligue, a-t-elle réussi à rester aux portes de la phase de poules ? Le troisième tour préliminaire s'était pourtant bien passé face aux Moldaves de Milsami Orhei (3-0 ; 3-0). Mais la dernière marche, le barrage, fut donc… un barrage. Menant 3-2 à un quart d'heure de la fin sur la pelouse des Danois d'Esbjerg, les Stéphanois ont réussi à encaisser deux buts et à perdre le match aller (3-4). Mais avec trois buts inscrits à l'extérieur, ils semblaient en mesure d'offrir à Geoffroy-Guichard le ticket qualificatif. Comme quoi… Un but contre son camp de Bayal Sall plus tard, les Verts étaient défaits, dans tous les sens du terme (0-1). Un passage anecdotique sur la scène européenne indigne du club de la Loire qui ne s'est pas consolé en voyant son tombeur danois poussé jusqu'en seizième de finale, éliminé par la Fiorentina (1-3 ; 1-1).

LYON SAUVE L'HONNEUR

Puisque la Ligue des champions n'a pas voulu de l'Olympique Lyonnais, le septuple champion de France est bien décidé à se consoler en Ligue Europa. Contrairement à la majorité récente des clubs français engagés dans cette compétition, l'OL ne la néglige pas. Le club de Jean-Michel Aulas sait que sa permanence au plus haut niveau européen a fait beaucoup pour sa réputation. Il n'entend pas manquer de respect à sa réputation et c'est tout à son honneur.

Même s'il a dû digérer la déception de ne pas rejoindre le Paris SG et l'OM en C1, Lyon réalise un début intéressant sur le terrain du Betis Séville. Le nul ramené d'Andalousie (0-0) est porteur d'espoirs qui n'échappent pas à Rémi Garde, l'entraîneur lyonnais : « Ce qu'on a réussi défensivement traduit un nouvel état d'esprit. Il y avait de la cohésion, de la solidarité. On a resserré les boulons. » Un point pris en Espagne ne saurait être un

Lemoine, par ici la sortie.

mauvais point. Celui concédé deux semaines plus tard à Gerland face au Vitoria Guimaraes (1-1) l'est davantage. Pourtant, le modeste club portugais (8 millions d'euros de budget contre 120 à Lyon) était à portée des Rhodaniens. Le salaire moyen des professionnels lusitaniens tourne autour de 2 000 euros. Une autre galaxie… Mais l'OL est fébrile et Rémi Garde reconnaîtra après la rencontre que « les joueurs ont eu un peu peur » après l'ouverture du score de Maazou (39e, 0-1). Rien n'est simple pour l'OL dans cette poule et la réception, fin octobre, des Croates de Rijeka, ne le sera pas davantage. Troisième club du pays derrière le Dinamo Zagreb et Hajduk Split, Rijeka résiste et cède (1-0) sur un but de Clément Grenier, alors persuadé que « la roue a tourné ». Au retour, qui se déroule dans la foulée, Garde laisse la plupart de ses titulaires au repos, car c'est « le 20e match officiel de la saison et ça fait beaucoup ». C'est vrai que ce n'est que le début du mois de novembre. Le nul ramené de Croatie, ce soir-là, « laisse Lyon en course » (Garde). À domicile, face au Betis, l'OL a l'occasion de rallier les seizièmes de finale. Il ne la laissera pas passer. Victoire (1-0, but de Gomis) et horizon printanier pour 2014. « On a fait toute une saison pour jouer la Coupe d'Europe, on ne va pas la galvauder », prévient Maxime Gonalons. Preuve que l'OL est motivé : son succès à Guimaraes (2-1) pour assurer la première place du groupe.

Lorsque le printemps arrive, Lyon est toujours en course. Il a su traverser février et son seizième de finale face au Tchernomorets Odessa (0-0, 1-0), grâce à un but d'Alexandre Lacazette en fin de match retour (80e). Et il a magnifiquement triomphé de mars, étrillant Viktoria Plzen (4-1) lors de l'aller des huitièmes, la défaite, le 20 mars (1-2) au retour étant alors sans conséquence. Lyon est donc en quart de finale et, vu le bilan français en Ligue Europa, c'est à saluer. Sur sa route se dresse la Juventus Turin. Éliminée en phase de poules de la Ligue des champions, la Vieille Dame veut remporter cette Ligue Europa dont la finale se déroule dans son stade. Elle a du mal à maîtriser Lyon à Gerland. Valeureux en défense, les Lyonnais bougent leur adversaire avec de belles occasions… manquées. Et Bonucci, qui marque à la 85e minute, rappelle que l'efficacité turinoise n'est pas qu'une légende (0-1). Il faudra un miracle à l'OL pour renverser la tendance au retour. Un coup franc de Pirlo, dès la 4e minute, confirme qu'une qualification lyonnaise tiendra du miracle. Mais l'égalisation de Jimmy Briand (18e) laisse planer le doute. Un but malheureux d'Umtiti contre son camp (68e, 2-1) rend l'exploit impossible, au grand désarroi des Lyonnais. « Bien sûr, il y a des regrets, comme le but que nous avons concédé à la fin du premier match, explique Jimmy Briand. Ensuite, il y a de petits regrets sur ce qui s'est passé aujourd'hui, nous nous étions donné le droit de croire à la qualification. »

Briand, si proche de l'exploit face à la Juve.

QUAND METZ FAIT TOMBER LE BARÇA

Aller, 19 septembre 1984
Metz-Barcelone : 2-4
BUTS. Metz : Kurbos (44e), J.-Ph. Rohr (85e, sur penalty) ; **Barcelone :** Sonor (12e, contre son camp), Schuster (47e), Calderer (53e), Carrasco (64e).
Metz : Ettore, Sonor, Colombo, Zappia, Barraja, Bracigliano, Rohr, Bernad (cap.), Kurbos, Bocandé, Hinschberger. Entraîneur : Marcel Husson.
Barcelone : Urruti, Sanchez (cap.), Alexanco, Moratella, Alberto, Victor, Calderer, Schuster, Rojo, Archibald, Carrasco. Entraîneur : Terry Venables.

Retour, 3 octobre 1984
Barcelone-Metz : 1-4
BUTS. Barcelone : Carrasco (33e) ; **Metz :** Kurbos (38e, 55e, 85e), Sanchez (39e, contre son camp).
Barcelone : Amador, Sanchez (cap.), Migueli, Alexanco, Alberto, Victor, Schuster, Calderer, Rojo, Archibald, Carrasco.
Metz : Ettore, Sonor, Barraja, Zappia, Lowitz, Bracigliano, Rohr, Bernad (cap.), Hinschberger, Kurbos, Bocandé.

L'élimination du FC Barcelone par le FC Metz au premier tour de la Coupe des Coupes à l'automne 1984 reste un des plus grands exploits de l'histoire du football. Trente ans après, la stupeur demeure.

Le FC Barcelone est un mythe, et ça dure depuis longtemps. Aujourd'hui, le club catalan, avec ses quatre Ligues des champions et son style de jeu défendu avec autant de ferveur que son identité catalane, incarne une certaine idée du football de haut niveau. Il l'incarnait déjà il y a trente ans. Il n'avait alors jamais remporté la plus prestigieuse Coupe d'Europe, vivait dans l'ombre de Liverpool, de la Juventus Turin ou de Hambourg. Pire, en Espagne, il n'avait plus remporté le championnat depuis 1974, subissant la loi des clubs madrilènes (Real et Atlético) et de la Real Sociedad. Mais à Barcelone étaient passés Johan Cruijff et Diego Maradona, comme si le Barça était un passage obligé pour des génies du football.

Barcelone, c'était aussi une arrogance que les hagiographes prennent soin de passer sous silence. Ainsi, alors que le club catalan venait d'achever son championnat à la quatrième place, ses dirigeants et supporters n'hésitaient pas à le considérer comme « le meilleur club européen » au début de la saison 1984-1985. Ils faisaient assez peu de cas du FC Metz, leur adversaire au premier tour de la Coupe des Coupes, une

Tremble Barça ! Ettore, Hinschberger et les Grenats sont là.

épreuve européenne créée en 1960 qui disparut à la fin de la saison 1998-1999.

Ils n'étaient pas les seuls. « Il serait idiot de se leurrer, estimait ainsi Marcel Husson, l'entraîneur lorrain, avant le match aller au stade Saint-Symphorien. Au départ, c'est terriblement déséquilibré. » Metz a cependant créé la sensation quatre mois plus tôt, en triomphant de l'AS Monaco en finale de la Coupe de France (2-0, après prolongations). Mais, hormis la Coupe des villes de foires (1969 et 1970), le FC Metz n'a alors jamais disputé une compétition continentale. « Pour nos débuts en Coupe d'Europe, on aurait pu espérer un autre adversaire, juge le milieu offensif Philippe Hinschberger. Finalement, ce n'est pas plus mal d'affronter ceux qui pensent être les meilleurs. »

Barcelone vient de se séparer de Maradona

Barcelone vient de connaître trois entraîneurs en deux saisons : l'Allemand Udo Lattek, que son compatriote Bernd Schuster, milieu offensif, a réussi à faire virer ; l'Argentin César Luis Menotti, que les dirigeants ont remercié en même temps que Diego Maradona ; et l'Anglais Terry Venables, arrivé en même temps que l'attaquant écossais Steve Archibald. En Lorraine, le 19 septembre 1984, les Catalans démontrent leur classe en s'imposant 4-2 devant 22 000 spectateurs. « Metz n'est pas une équipe d'un très bon niveau européen, mais elle a su nous ennuyer en première période », analyse Schuster.

Le jour du match retour, deux semaines plus tard, *L'Équipe* écrit qu'une « qualification messine serait miraculeuse ». Le miracle va se produire. Alors leader du championnat espagnol, qu'il va remporter huit mois plus tard, Barcelone tombe au Camp Nou. Après l'ouverture du score de Carrasco (33ᵉ), tout le monde imagine l'affaire définitivement entendue. Mais un triplé de Tony Kurbos, né en Slovénie (alors Yougoslavie) avant d'émigrer en Allemagne à l'âge de 5 ans, symbolise l'exploit messin (4-1). Sur un de ses centres, le défenseur et capitaine catalan Sanchez marque même dans son propre but. « Nous sommes complètement ébahis, commente Marcel Husson. Il nous faudra attendre deux ou trois jours pour réaliser. » Et Philippe Hinschberger prophétise : « Ça restera comme un des plus grands moments du football français. » Et il a raison. Au tour suivant (huitièmes de finale), le FC Metz sera éliminé par les Est-Allemands du Dynamo Dresde (3-1 ; 0-0)...

LES TOPS

1 Cristiano RONALDO

Magistral

Le triomphe total du Real Madrid en Ligue des champions, c'est aussi le sien. Auteur de 17 buts, il a battu le record de son grand rival Lionel Messi (14). Le Portugais s'est ainsi assuré, avant la Coupe du monde, la position de favori à sa succession pour le Ballon d'or.

2 Diego COSTA

Éclatant

Le buteur de l'Atletico Madrid, blessé et contraint de sortir dès la première période de la finale face au Real, a été très précieux lors de la campagne du deuxième club madrilène. Il a quasiment inscrit un tiers des buts de son équipe (8 sur 26).

3 Zlatan IBRAHIMOVIC

Indispensable

Le Suédois est souvent critiqué pour ne pas être décisif dans les grands matchs. Il reste qu'il a porté le Paris SG lors de la phase de poules et des huitièmes de finale contre le Bayer Leverkusen (10 buts). Absent du match retour des quarts de finale face à Chelsea car il était blessé, il a beaucoup manqué aux Parisiens.

4 Jonathan SORIANO

Torero

Formé à l'Espanyol Barcelone, il est devenu indispensable au Red Bull Salzbourg, avec qui il vient de remporter deux championnats d'Autriche d'affilée. À 28 ans, Soriano a inscrit 8 buts (et donné 2 passes décisives) en 7 matchs de Ligue Europa, en 2013-2014.

5 Kevin GAMEIRO

Toujours vert

L'ancien attaquant du Paris SG a remporté la Ligue Europa avec Séville. Cinq buts inscrits pour lui lors de la campagne européenne et un tir au but lors de la séance qui décida, à Turin, du sort de la finale face aux Portugais du Benfica Lisbonne.

LES FLOPS

5. Carlos TEVEZ
Souffle court

Autant il s'est très vite acclimaté à la Serie A, autant l'Argentin a eu plus de mal en Coupe d'Europe. Avec la Juventus, il n'a inscrit aucun but lors des matchs de poules de Ligue des champions, la Vieille Dame ne parvenant pas à se qualifier pour les huitièmes de finale.

4. David SILVA
En descente

On avait connu l'Espagnol, 28 ans, plus décisif, mais avec un seul but en 8 rencontres de Ligue des champions, il a surtout été transparent. Et incapable d'empêcher Barcelone d'éliminer Manchester City sèchement en huitième de finale (1-2, 0-2).

3. André-Pierre GIGNAC
Ligue 1…

Cinq matchs, aucun but et aucune passe décisive. À 28 ans, le Marseillais a découvert la cruauté du très haut niveau international. À l'image de l'OM, quittant la Ligue des champions avec six défaites en autant de rencontres.

2. Miroslav KLOSE
À l'ombre

Certes, l'international allemand a 36 ans, mais son statut et son passé devaient garantir à la Lazio Rome d'éviter les pièges. Raté. L'ancien attaquant du Bayern Munich n'a pas pesé ni marqué lors du seizième de finale de Ligue Europa à l'issue duquel les Bulgares de Ludogorets Razgrad éliminèrent la Lazio (0-1, 3-3).

1. Diego ROLAN
L'éclipse

Pour l'Uruguayen de 21 ans, la plongée dans la Coupe d'Europe a été un cauchemar. Bordeaux a été assez nul, terminant dernier de son groupe. Rolan l'a été tout autant, ne marquant jamais le moindre but en 6 rencontres.

L'ATLÉTICO COUPE LES TÊTES

Toute la saison, l'Atlético a lutté sur tous les fronts avec le FC Barcelone et le Real Madrid. S'il a cédé face à son voisin en finale de Ligue des champions, il a détrôné les Catalans dans le championnat espagnol.

Diego Simeone, coach heureux.

Briser l'hégémonie du Real Madrid et du FC Barcelone sur le championnat d'Espagne est une performance. Quasiment un exploit. Depuis 2004 et le FC Valence, qui s'invita quelques années à la table des rois ibériques au tournant du xxe siècle, personne n'était parvenu à empêcher les Catalans et les Madrilènes de se partager les honneurs. Cinq titres pour le FC Barcelone, trois pour le Real. C'était parti pour durer, à tel point qu'on entendait, de-ci, de-là, quelques esprits chagrins ou statisticiens (c'est pareil, non ? On plaisante...) que la Liga, ce n'était qu'un championnat à deux. En gros, il y avait les géants, leurs millions d'euros, leurs stars en bagarre pour le Ballon d'or (quatre fois Messi, une fois Ronaldo ces cinq dernières années) et des ramasse-miettes derrière, condamnés à regarder l'explication des grands fauves.

Cette analyse, franchement, est gonflée. Elle néglige la permanence des clubs espagnols au sommet de la Ligue Europa que ne fréquentent pas très assidûment les équipes allemandes, françaises et italiennes. Ainsi le FC Séville a-t-il, en neuf ans, remporté trois fois cette Coupe européenne (2006, 2007, 2014) tandis que, en 2010, l'Atlético y brillait, tout comme en 2012, où l'Athletic Bilbao fut la victime du deuxième club de Madrid. Deuxième club de Madrid, justement, ça

Koke, grand artisan du triomphe
des Colchoneros en Liga.

commence à être pesant pour l'Atlético. Champions en 1996, les Colchoneros courent après le titre depuis le siècle dernier et ils se disent que si La Corogne et Valence ont réussi à passer entre le Barça et le Real, ils doivent bien être capables de le faire à leur tour.

L'année où ils viennent de perdre Falcao, leur perle colombienne partie à Monaco ? Les Madrilènes ont un successeur, libéré par le départ du Colombien : l'Espagnol Diego Costa. Dès le début de saison, celui qui est né brésilien et a été révélé dans le championnat du Portugal montre qu'il peut être l'homme-clé de la saison de l'Atlético. Lors du derby, à Santiago-Bernabeu, il assomme le Real (1-0) qui pointe alors, après sept journées de Liga, à cinq longueurs du duo de tête, Barcelone et Atlético Madrid. L'automne vient d'arriver, en ce 22 septembre, et l'idée que la lutte pour le titre ne concernera pas que les deux duettistes habituels a fait son chemin. Il faut dire que, depuis l'arrivée de Diego Simeone sur le banc de l'Atlético, le deuxième club madrilène (décidément) ne cache pas son ambition d'être au moins le troisième club espagnol. Vainqueur de la Ligue Europa en 2012, cinq mois après son recrutement, l'entraîneur argentin a aussi gagné la Coupe du roi en 2013, battant en finale le Real Madrid (2-1, après prolongations).

Début 2014, l'Espagne vit même une petite sensation. Barcelone, qui a perdu à Valence, abandonne la tête du championnat pour la première fois depuis cinquante-neuf journées. L'Atlético, qui domine largement la Real Sociedad (4-0), s'empare de cette première place pour la première fois depuis 1996. Un événement le lendemain de la mort de Luis Aragones (75 ans), emblématique figure du club madrilène, trois fois champion comme joueur et une fois comme entraîneur, avant de devenir le sélectionneur champion d'Europe en 2008 avec l'équipe nationale d'Espagne.

GODIN : « LE FOOTBALL NOUS A RENDU JUSTICE »

Même si les trois clubs ibères qui luttent pour le titre sont très occupés par la Ligue des champions, dont ils disputent les quarts de finale, ils poursuivent leur bagarre au sommet de la Liga. Le Real finit par choisir l'Europe et lâche prise avant la dernière journée, mais l'Atlético, un poil perturbé par ses performances européennes (élimination de Barcelone en quart de finale, puis de Chelsea en demi-finale), donne des signes de fatigue et de fébrilité. Le 4 mai, il est battu à Levante (0-2) et la semaine suivante, il concède un match nul à domicile contre Málaga (1-1). Cinq points lâchés pendant que Barcelone tient le choc malgré les difficultés de son entraîneur, Gerald Martino, à maintenir l'équilibre de son groupe.

Godin marque le but décisif du match capital.

AZERBAIJAN
LAND OF FIRE
LFP

Simeone
en apesanteur.

DI STEFANO, les adieux d'une légende

Le vieux monsieur de 88 ans qui s'est éteint en pleine Coupe du monde, le 7 juillet 2014, était une légende du football. Alfredo Di Stefano, d'abord argentin, naturalisé espagnol en 1955, incarne la réussite absolue du real Madrid des années 1950. Cinq fois d'affilée, il a remporté la Coupe des clubs champions (1956, 1957, 1958, 1959, 1960). Avant-centre buteur, il était aussi capable de défendre et révolutionna le jeu moderne qui, jusque-là, était très spécialisé par poste (les défenseurs ne savaient pas vraiment attaquer et les attaquants ne défendaient pas). Le Real Madrid était sa maison et c'est lui qui accueillit Zinédine Zidane, en 2001, lorsque le Français y fut transféré de la Juventus Turin. Président d'honneur du grand club espagnol, il y avait achevé sa carrière d'entraîneur en 1991. Super Ballon d'Or en 1989, devant Michel Platini et Johan Cruyff, il avait remporté la distinction de France Football en 1957 et 1959.

La dernière journée se profile et réserve une finale, Barça-Atlético. Une première pour l'Atlético, qui doit affronter quelques jours plus tard le Real Madrid, à Lisbonne, pour l'apothéose de la Ligue des champions. Les enjeux sont simples : si Barcelone, qui joue à domicile au Camp Nou, l'emporte, il conservera son titre. Tout autre résultat sacrerait l'Atlético. En première période, dans une enceinte catalane alors en transe, le Chilien Alexis Sanchez ouvre le score. Mais l'histoire de cette saison n'a jamais prédestiné l'Atlético à s'écrouler, alors malgré l'ambiance et l'adversaire, l'équipe de Diego Simeone pousse son adversaire à la faute. Une tête de Godin à l'entame de la deuxième période, et c'est le Barça qui est pétrifié, empêtré dans une rencontre dont le score n'évoluera plus.

L'Atlético, qui annonce un budget de 130 millions d'euros contre 550 au Real et 508 à Barcelone, obtient en Catalogne le dixième titre de son histoire. Il est, après le Real (32 titres) et Barcelone (22 fois champion), le club qui a remporté le plus de championnats en Espagne. Depuis l'Argentin Jorge Valdano, vainqueur de la compétition avec le Real en 1995, aucun entraîneur sud-américain n'avait remporté la Liga. À 44 ans, Simeone réussit donc une performance exceptionnelle en hissant au sommet une équipe qui s'appuie essentiellement sur son collectif et son état d'esprit. « Le football nous a rendu justice, estime ainsi Diego Godin. Nous avons lutté toute l'année et notre boulot a été impressionnant. » À rebours de la stratégie de ses rivaux, l'Atlético démontre qu'il est possible de se glisser dans l'emballage final sans compter dans ses rangs plusieurs Ballons d'or potentiels. Est-ce durable ? Toute la question est là, mais Diego Simeone, qui ne fut pas un joueur flamboyant mais un meneur d'hommes rugueux, en clubs (Inter, Lazio, Atlético, notamment) comme en sélection, veut y croire. « Notre saison et notre titre de champion devant les deux grandes équipes d'Espagne signifient qu'on peut gagner de manière différente et que toutes les manières de le faire sont bonnes, dit-il. Ce succès induit surtout que ce sont les caractéristiques des joueurs qui sont primordiales. » Ce genre de message, par ces temps de course à l'armement, ne peut qu'apporter fraîcheur et espoir.

« Notre saison et notre titre de champion devant les deux grandes équipes d'Espagne signifient qu'on peut gagner de manière différente et que toutes les manières de le faire sont bonnes.

DIEGO SIMEONE

LES TOPS

1 Diego COSTA
Le successeur

La succession de Radamel Falcao s'annonçait difficile à l'Atlético Madrid. L'Espagnol Diego Costa (né au Brésil), 25 ans, l'a assurée avec brio. 27 buts en 35 matchs. Et un transfert vers Chelsea...

2 Cristiano RONALDO
L'empereur

Le Portugais, 29 ans, n'en pouvait plus de l'ombre de Messi. Son deuxième Ballon d'or, remporté en janvier 2014, l'a libéré d'un poids. Et sa saison avec le Real Madrid fut une nouvelle fois exemplaire (31 buts en 30 matchs).

3 Lionel MESSI
L'enchanteur

Même en difficulté physique, l'Argentin reste exceptionnel. Le Barça dépend beaucoup trop de son état de forme, mais à 27 ans, il a encore réalisé une belle saison (28 buts en 31 matchs).

4 Karim BENZEMA
Le détonateur

Le départ de Gonzalo Higuain vers Naples l'a désinhibé. L'ancien Lyonnais, 26 ans, a retrouvé la confiance. 17 buts en 35 matchs et sa meilleure saison en Liga où il a dépassé le cap des 230 matchs.

5 Antoine GRIEZMANN
Le porte-bonheur

À 23 ans, le Français de la Real Sociedad est la révélation de l'année en Liga. Il a confirmé tous les espoirs placés en lui par le club de Saint-Sébastien pour qui il a inscrit 16 buts, soit un de moins que Benzema...

LES FLOPS

5 BETIS SÉVILLE

La déconfiture

Club historique de la Liga, et sans doute un des plus populaires, le Betis est descendu en deuxième division. L'entraîneur argentin Gabriel Calderon, ancien joueur du Paris SG et de Caen, n'a pu empêcher la déconfiture.

4 NEYMAR

La déception

La star brésilienne, 22 ans, a eu beaucoup de mal à s'adapter à son équipe et à Lionel Messi. Le Chilien Alexis Sanchez et l'Espagnol Pedro ont même été plus efficaces que lui en attaque.

3 Iker CASILLAS

Le déclin

Considéré il y a encore deux saisons comme le meilleur gardien du monde, le champion du monde espagnol, 33 ans, n'a pas retrouvé sa place de titulaire au Real Madrid. Carlo Ancelotti y a confirmé le choix de José Mourinho en installent Diego Lopez dans la cage en championnat.

2 Roque SANTA CRUZ

La petite porte

L'ancien attaquant du Bayern Munich n'aura jamais réussi à s'imposer comme un grand buteur au niveau international. À 33 ans, il n'a marqué que cinq fois en vingt-cinq rencontres avec Málaga dont il symbolise aussi l'écroulement.

1 Ibrahim AFELLAY

Abonné absent

Le Néerlandais, qui devait incarner la grande tradition des Bataves du Barça, ne se sort pas de ses ennuis musculaires à la cuisse. À 28 ans, il n'a quasiment jamais été en état de jouer avec son club.

CITY
AU BOUT DE LA ROUTE

Suspense en Angleterre où Liverpool avait rendez-vous avec sa légende. Mais les Reds se sont écroulés, ouvrant la voie au deuxième sacre en trois ans de Manchester City.

Comme souvent, la Premier League anglaise a été haletante jusqu'au bout. De tous les grands championnats européens, celui d'Angleterre cultive son charme, année après année. Certes, la puissance économique s'est déplacée de manière spectaculaire à Madrid, à Barcelone et même à Paris et à Monaco. Mais outre-Manche, on continue à creuser le sillon en s'appuyant sur une tradition inégalable et sur une économie générale du football dynamique et fertile. Alors, si les temps sont plus durs qu'ils ne le furent sur la scène européenne où Manchester City, Manchester United et Arsenal ne parvinrent pas à exister vraiment – Chelsea s'offrant une demi-finale de Ligue des champions quand même, à l'intérieur de l'île britannique –, la bagarre fait rage et le spectacle est toujours (ou presque) au rendez-vous.

Nasri serre les poings.

« YOU'LL NEVER WALK ALONE »

Il y a, en Angleterre, une sorte d'alchimie qui fait les grandes histoires. Il y a les légendes, les légendes vivantes, les légendes qui s'effondrent et les légendes en devenir. Question légende, Liverpool se pose là. Il y a le « *You'll never walk alone* », chanson éternelle d'Anfield (et du Celtic Glasgow aussi et surtout), devant laquelle il faut absolument s'incliner sous peine d'excommunication. Il y a l'ambiance d'un stade extraordinaire et il y a l'histoire. Surtout l'histoire et ses figures tutélaires. Bill Shankly, Bob Paisley, Kenny Dalglish, Kevin Keegan, Alan Hansen… ça fait du monde et même à leur poids de forme, ça pèse sur les épaules. Surtout dans un club qui n'a pas remporté le titre depuis 1990. Il faut dire que depuis, en vingt-quatre saisons, six autres clubs se sont servis. Évidemment, Manchester United s'est gavé (13 fois titré), mais au-delà des Red Devils,

Demichelis prend le dessus sur Sturridge, comme City sur Liverpool.

Oscar heureux, Koscielny à la peine.

« Steven Gerrard, qui a remporté tous les titres possibles avec Liverpool, ne sera donc pas champion d'Angleterre.

l'autre club de Manchester, City, a refait surface (deux titres en trois ans alors que son dernier sacre remontait à 1968...). Arsenal, quatre fois, Chelsea, trois fois, Leeds et Blackburn, une fois chacun, complètent la liste de ceux qui écrivent leur nom au palmarès sans jamais laisser de place aux Reds.

Cette saison encore, ils ont donc échoué. Ils sont passés si près, pourtant. Tout était prêt. Les chants, la légende ressuscitée, les héros du passé convoqués pour l'hommage vibrant... Pas de chance, Liverpool s'est écroulé. Leader à trois journées de la fin, l'équipe dirigée par Brendan Rodgers a laissé revenir Manchester City. Pourtant, lors de la 34ᵉ journée, les Reds avaient dominé les Citizens (3-2), semblant asseoir leur emprise sur le classement. Mais deux semaines plus tard, ils s'écroulent devant Chelsea. Un contrôle manqué de Gerrard et Demba Ba se lance dans une course de 45 mètres avant de tromper le gardien belge Mignolet. Chelsea, qui prépare sa demi-finale de Ligue des champions contre l'Atlético Madrid, évolue pourtant avec une équipe très remaniée, privée de Cech, David Luiz, Oscar, Ramires, Hazard, Cahill et Eto'o. Et lorsque Willian sécurise le succès des Blues (2-0) à Anfield, voilà que Liverpool n'est plus maître de son destin : si Manchester City remporte ses trois derniers matchs, le titre lui est promis.

GERRARD LE MAUDIT

Les partenaires de Samir Nasri n'auront même pas besoin de ça, car à Crystal Palace, la journée suivante, Liverpool s'autodétruit. Tout commence très, très bien. Allen (18ᵉ), Sturridge (53ᵉ) et Suarez (55ᵉ) marquent et semblent assurer le succès tranquille des leurs. En dix minutes, cette promenade se transforme en naufrage. Delaney (79ᵉ) et Gayle, deux fois (81ᵉ et 88ᵉ), ramènent Crystal Palace à hauteur (3-3). Le dernier succès des Reds contre Newcastle (2-1) ne sert donc à rien car, dans le même temps, Manchester City, grâce à deux buts de Samir Nasri (39ᵉ) et Vincent Kompany (49ᵉ), scelle sa victoire face à West Ham (2-0) et donc son titre de champion.

Steven Gerrard, qui a remporté tous les titres possibles avec Liverpool (C1, C3, Coupe de la Ligue, Cup), ne sera donc pas champion

Demba Ba (Chelsea) - Mamadou Sakho (Liverpool) : duel de deux ex-Franciliens.

Ryan Giggs, le légendaire ailier gallois de MU, assure l'intérim sur le banc.

LIVERPOOL classe mondiale

Si les Reds ont échoué dans la conquête du titre de champion d'Angleterre, ils ont affiché leurs couleurs dès l'entame de la Coupe du monde. En effet, au Brésil, le club anglais était, après les géants que sont Barcelone, le Real et le Bayern Munich, le plus représenté sur les pelouses du Mondial. Cinq internationaux anglais (Johnson, Gerrard, Sturridge, Sterling, Henderson), un Uruguayen (Suarez), un Français (Sakho), un Belge (Mignolet) et un Nigérian (Moses) ont ainsi fréquenté la XXe Coupe du monde de l'histoire.

d'Angleterre. Pas cette fois-là en tout cas, perpétuant la légende de sa malédiction. Quant à Manchester City, avec qui le Chilien Manuel Pellegrini devient le premier entraîneur non européen vainqueur de la Premier League, il perpétue la légende des titres acquis dans les derniers instants. Onze journées en tête du championnat, soit moins d'une sur trois, mais dans un timing parfait. En ne s'inclinant qu'une fois (2-3 face à Liverpool, donc) lors des treize dernières journées, ils ont coiffé sur le poteau Liverpool, mais aussi Arsenal et Chelsea. Et Manchester United ? Absent, ou presque. La première saison de l'après-Ferguson a viré au cauchemar. David Moyes, le successeur désigné, n'a même pas tenu la saison, remplacé par Ryan Giggs pour une opération sauvetage qui n'aura pas fonctionné. Pour la première fois depuis 1990, les Red Devils ne sont pas qualifiés pour une compétition européenne. Ce sort guetta longtemps Arsène Wenger et Arsenal. Mais les Gunners ont arraché la dernière place qualificative pour la Ligue des champions. Leur entraîneur français se souviendra en revanche longtemps de son 1 000e match sur le banc de l'équipe londonienne : la fête prévue à… Chelsea a mal commencé et s'est mal terminée. Dès la 5e minute, un but d'Eto'o donnait le ton. Et l'affaire fut conclue par un 6-0 pas vraiment festif, troisième grosse raclée reçue dans la saison par Arsenal (corrigé 6-3 par Manchester City et 5-1 par Liverpool).

Tout le monde ne peut pas être à la fête et cette saison riche en rebondissements n'a d'ailleurs pas vraiment réjoui les dirigeants anglais. Ils s'inquiètent pour leur football, ses racines et son avenir. Ainsi, en conclusion de l'exercice 2014, et sans doute de manière prémonitoire avant la Coupe du monde, le président de la Fédération anglaise, Greg Dyke, s'est alarmé du faible nombre de joueurs anglais évoluant dans les clubs de Premier League. « Cela a été un grand championnat, mais je crois que seulement deux de nos joueurs jouent régulièrement avec City et deux ou trois avec Chelsea, remarque-t-il. C'est assez déprimant. La saison prochaine, moins de 30 % de joueurs anglais évolueront dans les effectifs des quatre premiers du dernier championnat (Manchester City, Chelsea, Liverpool, Arsenal). Cela devrait nous préoccuper. »

« Cela a été un grand championnat, mais je crois que seulement deux de nos joueurs jouent régulièrement avec City et deux ou trois avec Chelsea.

GREG DYKE

Eh oui, s'il y a une chose qui n'est pas une légende, c'est l'appauvrissement d'un championnat où les joueurs nationaux sont relégués dans les clubs de deuxième zone. La grandeur est à ce prix, et l'orgueil des Anglais en prend un sacré coup. Mais c'est à cela que servent les légendes : se souvenir de ce qu'on a été pour éviter de regarder ce qu'on est.

Le triomphe des Skyblues.

LES TOPS

1 Yaya TOURÉ
Hors norme

Milieu relayeur, l'Ivoirien est un exceptionnel buteur qui a souvent pris le relais des attaquants de Manchester City pour maintenir son club dans la bagarre pour le titre : 20 buts pour l'ancien Barcelonais de 31 ans.

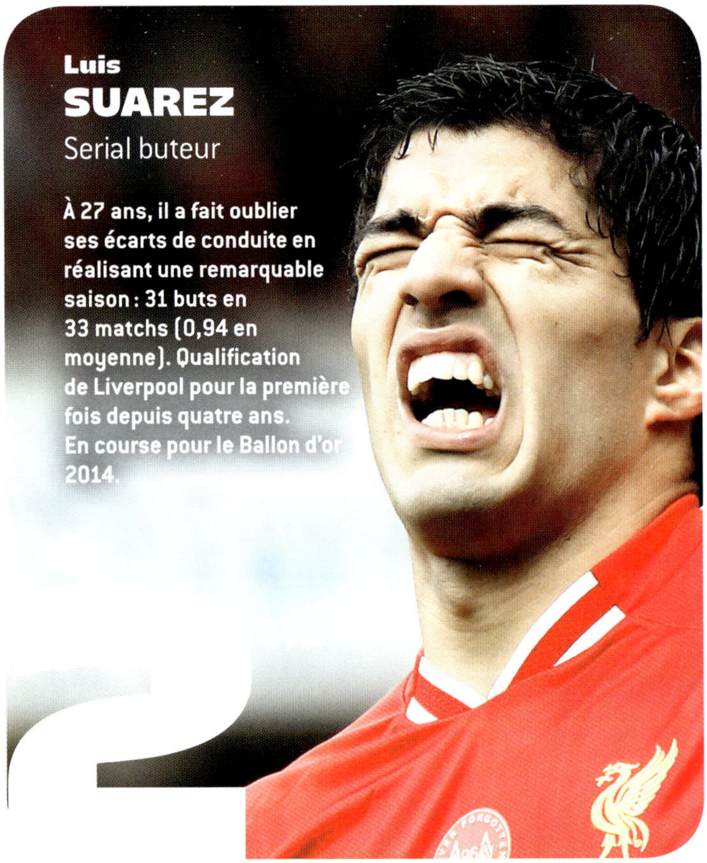

2 Luis SUAREZ
Serial buteur

À 27 ans, il a fait oublier ses écarts de conduite en réalisant une remarquable saison : 31 buts en 33 matchs (0,94 en moyenne). Qualification de Liverpool pour la première fois depuis quatre ans. En course pour le Ballon d'or 2014.

3 Wayne ROONEY
Métronome

Dixième saison à Manchester où on l'annonçait en froid avec le successeur d'Alex Ferguson, David Moyes. Rooney, 28 ans, a été exemplaire avec 17 buts en 29 matchs.

4 Jay RODRIGUEZ
La surprise

Révélation au sein de l'attaque de Southampton. À 25 ans, il a inscrit 15 buts en 29 journées. Et s'est gravement blessé (ligaments croisés du genou) en avril, ce qui l'a malheureusement privé de Coupe du monde.

5 Loïc RÉMY
La confirmation

L'ancien Niçois, 27 ans, s'est adapté parfaitement à Newcastle. Avec 14 buts en 26 matchs, son rythme est équivalent à celui de Wayne Rooney. Et lui a valu sa sélection pour le Mondial.

LES FLOPS

5

David MOYES
Déchu

Successeur d'Alex Ferguson, qui fut l'entraîneur de Manchester United pendant vingt-sept ans, l'Écossais, 51 ans, a connu une éprouvante saison, sans qualification européenne. Limogé et remplacé provisoirement par Ryan Giggs.

4

Mesut ÖZIL
Décevant

Arrivé du Real Madrid contre 50 millions d'euros, l'international allemand, 25 ans, devait dynamiser le jeu d'Arsenal. Passé le premier mois, il est devenu complètement transparent.

3

Nicolas ANELKA
Transparent

À 35 ans, il n'a pas réussi à être titulaire à West Bromwich Albyon où il n'a disputé que 12 matchs, la plupart comme remplaçant. Deux buts à son compteur avant d'être viré en mars pour un comportement jugé inadmissible par ses employeurs.

2

Roberto SOLDADO
À l'arrêt

L'Espagnol, 29 ans, restait sur quatre saisons à plus de 15 buts avec Valence. Avec Tottenham, il n'en a marqué que 6, dont 4 penalties.

1

Marouane CHAMAKH
Porté disparu

L'ancien Bordelais est porté disparu depuis son arrivée à Arsenal, en 2010. À 30 ans, il a manqué sa saison à Crystal Palace (5 buts en 32 matchs), où il espérait se relancer. Étant donné que l'on a « transparent » juste au-dessus pour Nicolas Anelka, je propose « viré ».

LA JUVE
NE PARTAGE PAS

Troisième titre d'affilée en Italie pour la Juventus Turin, qui, une fois le départ en trombe de la Roma de Rudi Garcia passé, ne lui a laissé que les miettes d'une saison record.

Dans la série « Les grands clubs ne meurent jamais », vous prendrez bien la Juventus. Évidemment, la Serie A est en chute libre, rattrapée par la rigueur financière – seule capable d'éviter la faillite à de nombreux clubs italiens – et condamnée à lâcher de grands joueurs à des clubs étrangers plus solides. Il est fini le temps où le Milan AC, l'Inter, la Juventus, la Roma, Naples, la Lazio et la Fiorentina menaient la danse du marché européen, s'arrachant les meilleurs joueurs tout en affirmant leurs ambitions nationales et européennes. Si l'Espagne détient le record de victoires en Ligue des champions (14), l'Italie conteste à l'Angleterre la deuxième place (12 succès chacune). Mais le dernier succès transalpin, obtenu en 2010 par l'Inter (face au Bayern Munich), marque le début d'une déliquescence réelle. Depuis, aucun club italien n'a disputé la moindre finale, fréquentée au moins une fois par des Allemands, des Espagnols et des Anglais. Et, après le succès de Milan en 2007, hormis l'Inter en 2010, aucune équipe italienne n'a atteint le dernier carré.

Oui, c'est un marasme, symbolisé par l'absence de stades modernes et décents. Sauf à Turin, où une nouvelle enceinte a été érigée, le Juventus Stadium, inauguré pour la saison 2011-2012. Cette saison-là, la Juventus remporta d'ailleurs le championnat. Et l'année d'après, aussi. Et en 2014, aussi… Lien de cause à effet ? Peut-être, tout comme la présence, depuis cette même date d'Antonio Conte sur le banc de la Vieille Dame. Ancien joueur du club (de 1992 à 2004), il l'a mené trois fois de suite au titre en tant qu'entraîneur. Au point que ses dirigeants ont prolongé son contrat d'une année supplémentaire pour un salaire estimé à près de 5 millions d'euros.

Conte n'est pas seul à tenir la Juventus sur ses épaules. Le trentième titre (ceux emportés en 2005 et 2006 ont été retirés au club piémontais en raison du scandale des matchs truqués) de l'histoire du club doit beaucoup à celui qu'on appelle « l'Architecte », Andrea Pirlo. À 35 ans, celui dont le Milan AC doutait au point de le pousser au départ évolue à Turin depuis… 2011. Lien de cause à effet ? « Non, merci, mais non! répondait-il au mois de mai 2014 à Mélisande Gomez dans *L'Équipe*. C'est l'effet de beaucoup de monde, d'une nouvelle équipe, d'un nouvel entraîneur (Antonio Conte), d'un nouvel élan. Quand je suis arrivé, j'ai tout de suite senti cette envie de mieux faire. Il y a eu un recrutement ambitieux. Et, à partir de là, on a suivi un nouveau chemin qui nous a menés à ces résultats. » Après dix années avec le Milan AC, où il ne joua que 17 matchs lors de sa dernière saison, Pirlo retrouve une deuxième jeunesse avec le grand rival des Rossoneri. Et la saison 2014 frise la perfection tant la Juventus a battu tous les records. Le plus grand nombre de points (102) inscrits dans un

Vidal la locomotive
de la Juve en 2013-2014.

POGBA fait envie

À 21 ans, Paul Pogba a éclaté en pleine lumière cette saison avec la Juventus Turin. Auteur de 7 buts, il s'est distingué en devenant le parfait lieutenant d'Andrea Pirlo dans la construction du jeu turinois. Déclaré intransférable par son club, il suscite de nombreuses convoitises au Paris Saint-Germain, mais aussi en Angleterre, où le nouvel entraîneur, le Néerlandais Louis van Gaal, souhaite le faire revenir. Eh oui, avant d'aller jouer en Italie, l'ancien Havrais a porté trois ans durant les couleurs des Red Devils avec lesquels il n'est apparu en Premier League que trois fois.

Totti, Pjanic, Gervinho et tous les Giallorossi ont mené la vie dure à la Juventus durant toute la saison.

« Mais non, ce n'est pas vrai, ce championnat est très relevé. En Italie, chaque match est vraiment difficile.

ANDREA PIRLO

championnat européen majeur. Seul le Celtic Glasgow (103 points en 2001-2002) empêche la Juve de détenir le record absolu en la matière. Elle a aussi remporté le plus grand nombre de victoires en une saison (33 sur 38 matchs), le plus grand nombre de succès à domicile (19 sur 19) et a marqué au moins un but à tous les matchs, sauf un ! Trop facile la Serie A ? « Mais non, ce n'est pas vrai, se défend Pirlo. Ce championnat est très relevé. En Italie, chaque match est vraiment difficile. C'est très tactique, très dur, à chaque rencontre, tu dois être à fond, tu ne peux pas te laisser aller, sinon tu ne gagnes pas. »

Tout ne fut pas si simple, en effet, pour la Vieille Dame, qui dut faire face au début de saison incroyable de l'AS Roma. Dix matchs, dix victoires pour l'équipe de Rudi Garcia après laquelle courut longtemps la Juventus. Le premier tournant eut lieu fin novembre, lorsque la Juve l'emporta à Livourne (2-0), passant, à l'issue de la 13e journée, en tête du championnat d'Italie pour la première fois de la saison. Et en début d'année, le 5 janvier 2014, les Turinois ne laissèrent pas passer l'opportunité d'écarter définitivement les Romains de leur chemin. Ils les corrigèrent (3-0, buts de Vidal, Bonucci, Vucinic), comptant dès lors 8 points d'avance à la mi-championnat. De la 9e à la 20e journée, la Juventus aligna douze succès de rang et, de la 24e à la 30e, sept nouvelles victoires d'affilée. Ce rythme-là, ni la Roma ni Naples ne pouvaient le tenir. Et, au soir de la 28e journée, le 16 mars 2014, un succès sur le Genoa (1-0, coup franc de Pirlo à la… 89e minute), les Turinois comptaient une avance insurmontable pour leurs adversaires directs.

Avec Andrea Pirlo, Arturo Vidal, le Chilien, auteur de 11 buts et de 5 passes décisives, a été le fer de lance de la formation turinoise menée par l'Argentin Carlos Tevez. Transparent en Coupe d'Europe, le transfuge de Manchester City s'est adapté très vite à son nouvel environnement. « Dans les moments-clés de la saison, la rage de vaincre de Tevez et ses talents d'attaquant nous ont beaucoup aidés, témoigne Gianluigi Buffon, le gardien de la Juventus. Il a apporté un nouveau souffle à cette équipe. » Une équipe qui, de manière atypique, a beaucoup joué avec trois défenseurs centraux et s'est appuyé, entre autres, sur la révélation française de l'année, Paul Pogba, pour laisser la Roma, mais aussi Naples, la Fiorentina et l'Inter loin derrière. Très loin derrière.

Andrea Pirlo, une passe les yeux fermés.

LES TOPS

1

Luca
TONI
Tonique

Champion du monde en 2006, l'ancienne star du Bayern Munich a effectué une remarquable saison au Hellas Vérone, qui lui doit certainement son maintien en Serie A (20 buts en 34 rencontres). À 37 ans, c'est exceptionnel.

2

Rudi
GARCIA
Cuisine française

Ce fut une surprise de voir débarquer le technicien français, 50 ans, champion avec Lille en 2011, dans la capitale romaine. Il a remporté ses dix premiers matchs avec l'AS Rome et a tranquillement qualifié son équipe pour la Ligue des champions.

3

Ciro
IMMOBILE
En mouvement

Il peinait à s'imposer à la Juventus qui l'a cédé à son voisin, le Torino, qui ne s'en plaint pas. Très belle saison de l'espoir italien, 24 ans, qui a du coup connu sa première sélection avec la Squadra Azzurra en mars 2014. Meilleur buteur de Serie A (22 buts).

4

Carlos
TEVEZ
Forme olympique

Arrivé de Manchester City contre 9 millions d'euros, l'attaquant argentin, 30 ans, champion olympique en 2004, s'est très bien adapté au championnat italien : 19 buts et un titre de champion.

5

Giuseppe
ROSSI
Prophète

Né aux États-Unis, révélé à Villarreal, Giuseppe Rossi est enfin prophète en son pays. À 27 ans, il a été très efficace avec la Fiorentina (0,76 but par match pour un total de 16).

LES FLOPS

5

ROBINHO
Eau tiède

Sa quatrième année au Milan AC n'a pas été plus brillante que les précédentes. Seulement 3 buts marqués par le Brésilien, 30 ans, dont le club italien n'arrive pas à se débarrasser depuis deux saisons...

4

Mario
GOMEZ
Eaux calmes

Un problème au genou en septembre, un retour sur le terrain en mars avec un nouveau problème de genou, la Fiorentina n'a pas vraiment tiré bénéfice de l'apport de l'Allemand, 29 ans, transféré du Bayern contre 15 millions d'euros.

3

Alessandro
MATRI
Eaux usées

Décidément, pas de chance pour le Milan AC avec ses attaquants. Revenu de la Juventus contre 11 millions d'euros, Matri, 30 ans, n'a marqué qu'une fois et s'est retrouvé prêté – sans plus de succès – à la Fiorentina dès le mois de janvier.

2

Révélé avec le Torino, il a débarqué à la Juventus à l'été 2013 contre 13 millions d'euros, mais il ne s'est pas imposé, barré en défense centrale par Leonardo Bonucci.

Angelo
OGBONNA
Eaux profondes

1

Blessé dès son arrivée à la Lazio, le jeune milieu brésilien (21 ans), arrivé de Santos contre 8 millions d'euros, n'a jamais trouvé le rythme. Il est bien meilleur aux jeux vidéo que sur la pelouse. Pour le moment...

Felipe
ANDERSON
Eaux claires

LE BAYERN EST TRÈS PRESSÉ

Jamais une équipe européenne n'avait remporté un des championnats majeurs (Allemagne, Angleterre, Espagne, France, Italie) sept journées avant la fin. Le Bayern Munich de Pep Guardiola l'a fait.

Ne jamais sous-estimer la gravité d'une blessure et ses effets secondaires. Juin 2012 : le Bayern râpe ses deux genoux contre la terre. Il vient de perdre la finale de la Ligue des champions aux tirs au but, chez lui, dans l'Allianz Arena, face à Chelsea. Et de laisser le doublé Coupe-championnat au Borussia Dortmund. Ça fait beaucoup, c'est douloureux et ça ne saurait durer.

L'année qui suit sera donc celle du triplé. Comme dans un rêve, le Bayern rafle tout. Les trompettes de la renommée saluent son palmarès et son jeu, tourné vers l'avant, spectaculaire et non dépendant d'une individualité. Le Barça de Messi et le Real de Ronaldo auraient ainsi trouvé à qui parler. Et la discussion s'annonce d'autant plus âpre que Pep Guardiola, ex-entraîneur de Barcelone (deux fois vainqueur de la C1, 2009 et 2011), est annoncé sur le banc à la place de Jupp Heynckes, 68 ans.

Que peut faire de mieux l'Espagnol ? La réponse est non écrite, mais le message des dirigeants du Bayern est limpide : avec un tel entraîneur, renommé dans le monde entier, le club bavarois doit intégrer de manière éclatante le cercle fermé des géants du football. Le Real et le Barça y figurent, eu égard à leur palmarès et leur puissance en ce début de XXIe siècle. Le Milan AC et la Juve patinent, mais les nouveaux riches menacent : si Manchester City et le Paris SG reçoivent si souvent la leçon d'Uli Hoeness et de Karl-Heinz Rummenigge, les deux patrons du Bayern, c'est que leur assise financière leur promet une place de choix parmi les puissants de la deuxième décennie du siècle.

Le Bayern, qui a toujours su rebondir après les échecs et anticiper les évolutions du foot européen, se doit de solidifier sa position, et Guardiola est un des fondements de sa stratégie.

BECKENBAUER S'ENNUIE

Cela n'empêche pas Franz Beckenbauer de, parfois, reconnaître s'ennuyer devant son équipe qu'il « ne reconnaît plus ». Beaucoup de passes latérales, une grande possession du ballon et moins d'actions spectaculaires vers l'avant : la signature 2014 du Bayern sera plus catalane que bavaroise. Elle s'apposera rapidement sur le championnat. Si Dortmund fait illusion jusqu'à la 8e journée, le club de la Ruhr cède la place de leader au Bayern dès la suivante. Début novembre 2013, après onze journées, les Bavarois comptent un point d'avance sur le BvB et quatre sur Leverkusen. Le quatrième, Mönchengladbach, est déjà relégué à dix longueurs.

Le sommet de la Bundesliga, le 23 novembre, en apothéose de la 13e journée, s'annonce palpitant dans le Signal Iduna Park de Dortmund. Le Bayern, grâce à Götze, Robben et Müller, l'emporte 3-0 et renvoie son rival sept longueurs derrière lui au classement. Seul Leverkusen semble alors en mesure de tenir la cadence, mais il compte tout de même 7 points de retard à la trêve. Il va d'ailleurs s'écrouler dès les premiers matchs de 2014, ce qui coûtera finalement son poste à l'entraîneur finlandais Sami Hyypiä.

Robben et le Bayern planent sur la Bundesliga.

Quand Guardiola briefe Müller.

« Malgré le triplé en 2013, nous avons continué à travailler avec le plus grand sérieux. Nous sommes encore plus forts que la saison dernière et nous sommes champions encore plus tôt.

MATTHIAS SAMMER

Il ne fallait alors aucun doute que le Bayern remporte son 24e titre de champion, et les regards se tournent vers les positions préoccupantes de Stuttgart et Hambourg, deux clubs historiques en bagarre pour ne pas descendre en D2. Comme pour signifier qu'il ne tolérera plus aucune rébellion, le Bayern annonce dès l'hiver la signature du Polonais de Dortmund Robert Lewandowski, double meilleur buteur de la Bundesliga. Et, au soir de la 27e journée, après un succès dans le stade olympique de Berlin (3-1), il est sacré. « Ce titre est pour Uli Hoeness », annonce Pep Guardiola, qui n'a pas oublié que l'ancien président, déchu après sa condamnation pour fraude fiscale, était celui qui l'avait convaincu de s'installer en Allemagne.

Dix jours plus tard, à Augsbourg, avec une équipe B, le Bayern subira sa première défaite de la saison en championnat (0-1), qui n'atténuera pas les louanges et la joie. « Je suis ému, concède Guardiola. Je dispose d'une équipe exceptionnelle et elle me procure chaque jour beaucoup de joie. Notre parcours est incroyable. » « Malgré le triplé en 2013, nous avons continué à travailler avec le plus grand sérieux, enchaîne Matthias Sammer, Ballon d'or 1996, directeur sportif. Nous sommes encore plus forts que la saison dernière et nous sommes champions encore plus tôt. »

Ce concert ressemble vraiment à un service après-vente parfaitement orchestré. Ainsi, Karl-Heinz Rummenigge, grand patron du club, rajoute sa couche, ne manquant pas de répondre au passage aux piques de Beckenbauer : « Pep est une bénédiction pour le Bayern Munich. Il a élevé notre jeu à un niveau jamais atteint et il a créé un football comme il n'en existait pas en Allemagne. »

Boateng et le fameux coup de la « fourchette munichoise ».

La prison pour HOENESS

Vainqueur de la Coupe des champions en 1974, 1975 et 1976, champion du monde en 1974, Uli Hoeness, 62 ans, fut un grand attaquant du Bayern avant d'en être le manager général, puis le successeur de Franz Beckenbauer comme président. Pour avoir dissimulé l'existence d'un compte bancaire en Suisse, qui lui servait à jouer en Bourse (33 000 opérations enregistrées sur ce compte), pour y avoir caché 27 millions d'euros au fisc allemand, Hoeness a été condamné à trois ans et demi de prison. En mars 2014, il a démissionné de la présidence du Bayern et choisi de ne pas faire appel de sa peine. « Cela correspond à ma conception de la décence, a-t-il expliqué. Cette évasion fiscale, c'est l'erreur de ma vie. »

LES TOPS

1 Franck RIBÉRY
Kaiser

On aurait pu penser que sa défaite dans la course au Ballon d'or pèserait sur sa deuxième partie de saison. Il n'en fut rien. Le Français, avec 10 buts et 14 passes décisives, a été le grand artisan du 24e titre du Bayern (son quatrième personnel).

2 Robert LEWANDOWSKI
Royal

Malgré un transfert au Bayern Munich finalement reporté, le Polonais est resté maître du classement des buteurs de la Bundesliga. Moins flamboyant, le Borussia Dortmund s'en est souvent remis au seul talent de son attaquant (20 buts).

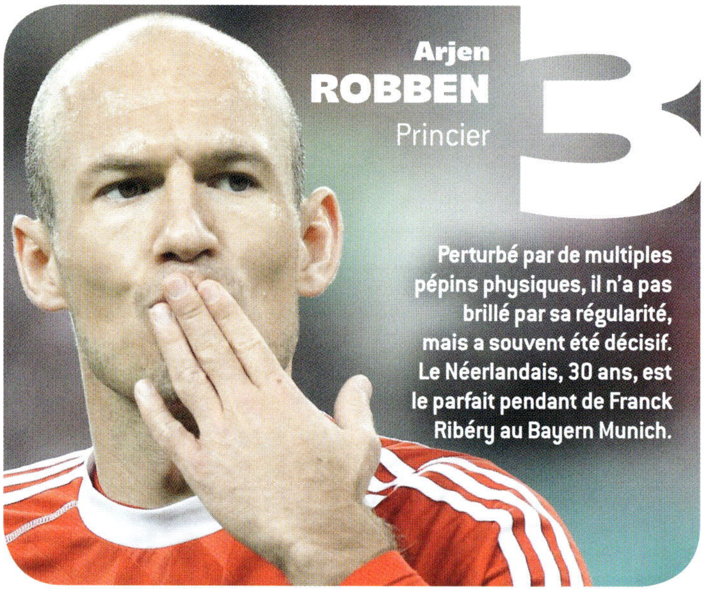

3 Arjen ROBBEN
Princier

Perturbé par de multiples pépins physiques, il n'a pas brillé par sa régularité, mais a souvent été décisif. Le Néerlandais, 30 ans, est le parfait pendant de Franck Ribéry au Bayern Munich.

4 Ralf FÄHRMANN
Anobli

Formé à Schalke, il y est revenu en 2011 (après deux saisons à Francfort) afin de pallier le départ de Manuel Neuer au Bayern Munich. Et sa saison 2013-2014 a été exceptionnelle. Il a grandement contribué à maintenir son club dans la bagarre pour la Ligue des champions jusqu'à la fin de la saison.

5 Roberto FIRMINO
Le dauphin

À seulement 23 ans, l'attaquant brésilien a éclipsé le Bosniaque Vedad Ibisevic : 16 buts, 12 passes décisives. Une pièce essentielle de la formation de Hoffenheim.

LES FLOPS

5

Mario
GÖTZE
Le coup de mou

Oui, c'est peut-être sévère de le placer ici, mais son transfert du Borussia Dortmund au Bayern Munich, contre 37 millions d'euros, laissait présager autre chose qu'une saison où il n'a pas tenu la comparaison avec Franck Ribéry, Bastian Schweinsteiger ou Arjen Robben.

4

Lars
BENDER
L'immobilisme

Censé incarner le renouveau du football allemand (avec d'autres), Lars Bender a vécu cette saison comme un coup d'arrêt. À 25 ans, le milieu de Leverkusen n'a pas eu le rayonnement attendu.

3

Rafael
VAN DER VAART
Le désordre

À 31 ans, l'international néerlandais est censé porter le jeu de Hambourg, le club dont il est la figure légendaire du XXIe siècle. Il n'a jamais réussi à mettre de l'ordre dans cette équipe à la dérive toute la saison.

2

Johan
DJOUROU
Le surplace

Cinq années à Arsenal sans jamais vraiment s'imposer : le défenseur international suisse, après six mois à Hanovre, symbolisait l'envie de renouveau de Hambourg. Le HSV est une des pires défenses de la Bundesliga.

1

Eljero
ELIA
La disgrâce

Resté sur une saison sans relief à la Juventus Turin avant de rejoindre le Werder Brême, l'attaquant néerlandais (28 sélections), 26 ans, n'a marqué que quatre buts. Transparent.

ORIGINE DES DOCUMENTS PHOTOGRAPHIQUES

Les photographies de l'intérieur sont de

Panoramic : pp. 6, 10-13, 15-17, 19-21, 24-25, 28-31, 35-36, 39-41, 47, 48HG, 48MD, 48BG, 48BD, 49, 52, 54B, 61-63, 66-68, 76, 84-90, 91HD, 91BG, 91BD, 92HG, 92HD, 93, 94HG, 94BG, 94BD, 95-96, 99, 105, 108-109, 112-113, 117, 119-121, 125-127, 130HG, 130HD, 130MD, 130BD, 131, 133-134, 138, 139MG, 139HD, 139MD, 139B, 140-151, 152HG, 152HD, 152MD, 152BG, 153, 156-158, 159HG, 159HD, 159MD.

AFP : pp. 8, 18, 22-23, 26-27, 33, 37, 42-45, 48HD, 53, 54H, 58, 69-73, 75, 77, 91HG, 92BG, 92BD, 94HD, 97, 102, 107, 111, 115-116, 118, 123, 129, 130BG, 132, 136-137, 139HG, 155, 159MG, 159B.

Presse Sports : pp. 14, 50, 56, 64-65, 74, 78-83, 101, 152BD.

Couverture et quatrième de couverture :
En couverture : Karim Benzema/Panoramic.
En quatrième de couverture (de haut en bas et de gauche à droite) : Mario Göetze, Paul Pogba, Zlatan Ibrahimović et Cristiano Ronaldo/Panoramic.

PLANÈTE FOOTBALL

FAITS DIVERS 2013-2014

Sur cette planète-là, qui tourne inlassablement en boucle, le mot « fin » n'existe pas. C'est quand on croit le voir apparaître que tout recommence.

JUILLET 2013

> En match amical à Angers, l'équipe de France féminine est battue par l'Australie (2-0).
> Gervais Martel redevient président de Lens. Antoine Kombouaré est nommé entraîneur.
> Tito Vilanova, malade, renonce à entraîner le Barça. Il est remplacé par l'Argentin Gerardo Martino.
> Après avoir battu la Russie (3-1), l'Espagne (1-0) et l'Angleterre (3-0), l'équipe de France féminine est éliminée par le Danemark (1-1, 4-2 aux tirs au but) en quart de finale de l'Euro féminin disputé en Suède. L'entraîneur Bruno Bini sera remplacé par Philippe Bergeroo.
> Décès à 84 ans de Djalma Santos, défenseur de l'équipe du Brésil championne du monde en 1958 et 1962.
> L'Atletico Mineiro de Ronaldinho remporte la Copa Libertadores en battant en finale les Paraguayens d'Olimpia Asuncion (0-2, 2-0, 4-3 aux tirs au but).
> Dortmund remporte la Supercoupe d'Allemagne en battant le Bayern (4-2).
> Gonzalo Higuain est transféré du Real à Naples pour 37 millions d'euros.

AOÛT 2013

> L'équipe de France des moins de 19 ans est battue en finale de son Euro par la Serbie (1-0).
> À Libreville (Gabon), le PSG remporte le Trophée des champions en battant Bordeaux (2-1, buts d'Ongenda et Alex).
> Cristiano Ronaldo prolonge son contrat au Real jusqu'an 2018 avec un salaire annuel qui passe de 10 à 17 millions.
> À Fribourg, en match amical, l'équipe de France espoirs et l'Allemagne font match nul (0-0).
> Décès à 82 ans de l'ancien international (46 sélections, 22 buts) Jean Vincent. Il avait été sacré champion de France quatre fois comme joueur avec Lille et Reims et deux fois comme entraîneur avec Nantes.
> La Juventus remporte la Supercoupe d'Italie en battant la Lazio (4-0, premier but de Pogba sous son nouveau maillot).
> En battant Nuremberg (2-0), le Bayern engrange un 28e match consécutif sans défaite en Bundesliga, nouveau record du genre.
> Décès à 83 ans de l'ancien gardien Gilmar, champion du monde avec le Brésil en 1958 et 1962.
> Ribéry est élu meilleur footballeur de l'année par l'UEFA devant Messi et Ronaldo.
> Après la faillite de l'Anji Makhatchkala (Russie), le Camerounais Eto'o, le joueur le mieux payé au monde (20,5 millions par an), signe à Chelsea au tarif de 6 millions par an.
> À Monaco, le Bayern remporte la Supercoupe d'Europe en battant Chelsea (2-2, 5-4 aux tirs au but).
> L'équipe de France féminine des moins de 19 ans est sacrée championne d'Europe en battant l'Angleterre en finale (2-0 après prolongations).

SEPTEMBRE 2013

> Le Gallois Gareth Bale est transféré de Tottenham au Real Madrid pour une somme avoisinant les 100 millions.
> L'Allemand Ozil quitte le Real pour Arsenal en échange de 45 millions.
> En match qualificatif pour l'Euro 2015, l'équipe de France espoirs s'impose en Biélorussie (2-1, doublé de Ntep).
> À Évry, en match amical, l'équipe de France féminine bat la République tchèque (2-0).
> Le derby de Ligue 2 entre Metz et Nancy est interrompu à deux reprises par des bagarres entre supporters.
> Après avoir éreinté son entraîneur dans la presse, le défenseur français Adil Rami est mis à pied par Valence. Il sera transféré au Milan AC.
> En match qualificatif pour le Mondial 2015, l'équipe de France féminine s'impose au Kazakhstan (4-0).

OCTOBRE 2013

> En match qualificatif pour l'Euro espoirs, la France s'impose en Arménie (4-0, doublé de Thauvin, Benzia, Ntep).
> Deux ans après son départ, Pablo Correa redevient entraîneur de Nancy (Ligue 2) à la place de Patrick Gabriel.
> En match qualificatif pour l'Euro espoirs, la France gagne en Islande (4-3, doublé de Benzia, Rose, Ntep).
> Décès à 59 ans de l'ancien joueur de Valenciennes et Lille Bruno Metsu. Comme entraîneur, il avait emmené le Sénégal en quart de finale du Mondial 2002.
> Le Mans est placé en liquidation judiciaire. Le club sera relégué en division d'honneur.
> En Ligue des champions féminine, le PSG est éliminé en seizième de finale par les Suédoises de Tyresö (1-2, 0-0).
> En match amical féminin, la France bat la Pologne (6-0).
> En enchaînant 10 victoires pour ses 10 premiers matchs de Serie A, la Roma de Rudi Garcia bat le record du Calcio que détenait la Juventus (9 matchs) depuis 2005-2006.
> En match qualificatif pour l'Euro féminin, la France s'impose en Autriche (3-1).

NOVEMBRE 2013

> Libre depuis le mois de juin, l'ancien Lyonnais Réveillère signe à Naples.
> À Toulouse, en match qualificatif pour l'Euro espoirs, la France bat l'Arménie (6-0, triplé de Thauvin, Martial, Landré, Haller).
> À Toulouse, en match amical, l'équipe de France espoirs fait match nul avec les Pays-Bas (1-1, Ntep).
> En matchs de barrages qualificatifs pour le Mondial 2014, le Portugal élimine la Suède (1-0, 3-2, quatre buts de Ronaldo et deux buts d'Ibrahimovic).
> Au Mans, en match qualificatif pour le Mondial féminin 2015, la France bat la Bulgarie (14-0, dont deux quadruplés de Thiney et Le Sommer).
> Deux jours après avoir fêté ses 40 ans, le Gallois Giggs est titulaire dans l'équipe de Manchester United qui s'impose à Leverkusen (5-0) en C1.

DÉCEMBRE 2013

> Kansas City est sacré champion des États-Unis en battant Salt Lake City (1-1, 7-6 aux tirs au but). Auteur du but de Kansas City, le défenseur français Aurélien Collin est désigné meilleur joueur du match.
> Après une lourde défaite à Liverpool (5-0), Tottenham vire son entraîneur portugais André Villas-Boas, qui rebondira au Zenith Saint-Pétersbourg.
> À Marrakech, le Bayern remporte la Coupe du monde des clubs en battant en finale le Raja Casablanca (2-0).
> Pour avoir effectué une « quenelle », geste à connotation antisémite, Nicolas Anelka sera suspendu cinq matchs et contraint de quitter le club de West Bromwich Albion.

JANVIER 2014

> Décès à 71 ans d'Eusebio, ancien attaquant de Benfica, douze fois champion du Portugal, vainqueur de la C1 1962, Ballon d'or 1965 et meilleur buteur du Mondial 1966 (9 buts).
> Cristiano Ronaldo décroche le Ballon d'or Fifa-France Football 2013 (son second après celui de 2008) en devançant Messi et Ribéry.
> Clarence Seedorf (37 ans) devient entraîneur du Milan AC à la place de Massimiliano Allegri.
> La Fifa a tranché. Aucun arbitre français n'officiera lors du Mondial brésilien.
> Pour garder le droit de rester en L1 tout en conservant son siège à Monaco, l'ASM s'engage à verser 50 millions à la Ligue.
> À la suite du transfert financièrement frauduleux du Brésilien Neymar, le président du Barça Sandro Rosell est contraint à la démission.
> Benzema et Ribéry sont relaxés dans le cadre de l'affaire Zahia.

FÉVRIER 2014

> Décès à 75 ans de Luis Aragones, ancien champion d'Espagne avec l'Atletico comme joueur et entraîneur de l'Espagne championne d'Europe 2008.
> Décès à 57 ans de l'ancien international (9 sélections de 1981 à 1983) Philippe Mahut.
> Lors du tirage au sort des matchs qualificatifs pour l'Euro français de 2016, la France est affectée au Groupe I au sein duquel elle disputera des matchs amicaux contre le Portugal, le Danemark, la Serbie, l'Arménie et l'Albanie.

MARS 2014

> Pour avoir donné un coup de tête en plein match au joueur de Hull City David Meyler, l'entraîneur de Newcastle Alan Pardew est suspendu 7 matchs.
> Au Mans, en match qualificatif pour l'Euro espoirs, la France bat la Biélorussie (1-0, Zouma).
> Décès à 100 ans de l'ancien gardien international de Sète René Llense (11 sélections de 1935 à 1939).
> Le président du conseil de surveillance du Bayern Uli Hoeness est condamné à trois ans et demi de prison ferme pour fraude fiscale.
> Pour le 1 000e match officiel d'Arsène Wenger sur son banc, Arsenal est écrasé à Chelsea (6-0).
> Le Bayern Munich est sacré champion d'Allemagne pour la 24e fois à 7 journées de la fin du championnat.

AVRIL 2014

> Battu à Augsbourg (1-0), le Bayern s'incline pour la première fois en Bundesliga depuis octobre 2012 et 53 matchs.
> À Angers, en match qualificatif pour le Mondial féminin 2015, la France bat le Kazakhstan (7-0).
> Au Mans, en match qualificatif pour le Mondial féminin 2015, la France bat l'Autriche (3-1).
> Lors de la 33e journée de Liga, Benzema devient le joueur français à avoir le plus souvent porté le maillot du Real (228 fois contre 227 pour Zidane).
> David Moyes est licencié de son poste d'entraîneur de Manchester United dix mois après avoir succédé à Alex Ferguson. Il sera remplacé temporairement par Ryan Giggs puis par le Hollandais Louis van Gaal.
> Décès à 45 ans de l'ancien entraîneur de Barcelone Tito Vilanova.
> Metz devient le 6e club au XXIe siècle à enchaîner deux montées d'affilée pour retrouver la Ligue 1.

MAI 2014

> Trois supporters sont blessés par balle avant le finale de Coupe d'Italie Naples-Fiorentina (3-1) dont le coup d'envoi est décalé de quarante-cinq minutes.
> Le Juventus est sacrée championne d'Italie pour la 30e fois à deux journées de la fin de la Serie A. Avec 102 points en 38 journées, elle battra le record détenu par l'Inter Milan (97 points en 2006-2007).
> La Portugaise Helena Costa (36 ans) remplace Régis Brouard sur le banc de Clermont (Ligue 2) et devient la première femme entraîneur d'une équipe professionnelle masculine.
> L'Argentin Javier Zanetti (40 ans) prend sa retraite après avoir disputé 857 matchs sous le maillot de l'Inter Milan.
> Manchester City est sacré champion d'Angleterre pour la 4e fois de son histoire (et la seconde en trois saisons) lors de la dernière journée.
> Lionel Messi signe un nouveau contrat avec le Barça qui lui offre un salaire annuel de 20 millions net. Il devient le joueur le mieux payé au monde devant Ronaldo (17 millions) et Ibrahimovic (15 millions).
> En faisant match nul à Barcelone (1-1) lors de la dernière journée, l'Atlético Madrid devient pour la 10e fois champion d'Espagne. Pour la première fois depuis dix ans, le titre échappe au Barça ou au Real.
> Arsenal remporte la Coupe d'Angleterre en battant Hull City (3-2 après prolongations). C'est le premier titre du club depuis 2005. Dans la foulée, Wenger prolonge son contrat jusqu'en 2017.
> Luis Enrique (44 ans) est nommé entraîneur du Barça à la place de Gerardo Martino.
> Les Allemandes de Wolfsburg remportent pour la seconde année d'affilée la Ligue des champions féminine en battant les Suédoises de Tyresö (4-3).
> Acheté 49,5 millions à Chelsea par le PSG, le Brésilien David Luiz est le défenseur le plus cher de l'histoire des transferts.
> Décès à 82 ans de l'ancien gardien international Pierre Bernard (21 sélections de 1960 à 1965). Il avait notamment joué à Bordeaux, Sedan et Saint-Étienne.

JUIN 2014

> Le défenseur Alex quitte le PSG pour signer au Milan AC où il sera bientôt rejoint par un autre Parisien, l'attaquant Jérémy Ménez.
> Le conseiller du président de l'OL Bernard Lacombe est suspendu 12 matchs pour « propos grossiers et injurieux et geste déplacé envers un arbitre ».
> L'ancien joueur brésilien de l'OM Fernandao (36 ans) se tue dans un accident d'hélicoptère.
> Filipo Inzaghi (40 ans) devient entraîneur du Milan AC à la place de Clarence Seedorf.
> Bacary Sagna quitte Arsenal et signe à Manchester City.
> La Portugaise Helena Costa renonce à entraîner Clermont. Elle est remplacée par l'ancienne internationale et capitaine de l'équipe de France Corinne Diacre (39 ans, 122 sélections).
> Zinedine Zidane est nommé entraîneur de la Castilla, l'équipe réserve du Real Madrid.
> L'attaquant Romain Alessandrini est transféré de Rennes à l'OM. Montant du transfert : 5 millions d'euros.

LES RÉSULTATS

CHAMPIONNAT DE FRANCE DE LIGUE 1

CLASSEMENT FINAL	PTS	J	G	N	P	BP	BC	DIF
1. Paris SG	89	38	27	8	3	84	23	61
2. Monaco	80	38	23	11	4	63	31	32
3. Lille	71	38	20	11	7	46	26	20
4. Saint-Étienne	69	38	20	9	9	56	34	22
5. Lyon	61	38	17	10	11	56	44	12
6. Marseille	60	38	16	12	10	53	40	13
7. Bordeaux	53	38	13	14	11	49	43	6
8. Lorient	49	38	13	10	15	48	53	-5
9. Toulouse	49	38	12	13	13	46	53	-7
10. Bastia	49	38	13	10	15	42	56	-14
11. Reims	48	38	12	12	14	44	52	-8
12. Rennes	46	38	11	13	14	47	45	2
13. Nantes	46	38	12	10	16	38	43	-5
14. Évian/Thonon	44	38	11	11	16	39	51	-12
15. Montpellier	42	38	8	18	12	45	53	-8
16. Guingamp	42	38	11	9	18	34	42	-8
17. Nice	42	38	12	6	20	30	44	-14
18. Sochaux	40	38	10	10	18	37	61	-24
19. Valenciennes	29	38	7	8	23	37	65	-28
20. Ajaccio	23	38	4	11	23	37	72	-35

Sochaux, Valenciennes et Ajaccio relégués en Ligue 2

CLASSEMENT DES BUTEURS

26 buts: Ibrahimovic (Paris SG)
16 buts: Aboubakar (Lorient), Ben Yedder (Toulouse), Cavani (Paris SG), Gignac (Marseille), Kalou (Lille)
15 buts: Lacazette (Lyon)
14 buts: Cabella (Montpellier), Gomis (Lyon)
12 buts: Diabaté (Bordeaux), Erding (Saint-Étienne)
11 buts: Yatabaré (Guingamp)
10 buts: Berigaud (Évian/Thonon), Djordjevic (Nantes), Oniangue (Reims), Riviere (Monaco)
9 buts: Falcao (Monaco), Hamouma (Saint-Étienne), Jussiê (Bordeaux), Lavezzi (Paris SG), Rodriguez (Monaco), Roux (Lille), Waris (Valenciennes), Wass (Évian/Thonon)
8 buts: Aliadière (Lorient), Bruno (Bastia), Cvitanich (Nice), Gakpé (Nantes), Oliveira (Rennes), Payet, Thauvin (Marseille)
7 buts: Bakambu (Sochaux), Braithwaite (Toulouse), Corgnet (Saint-Étienne), Tallo (Ajaccio), Toivonen (Rennes)
6 buts: Alessandrini, Doucoure (Rennes), Aurier (Toulouse), A. Ayew (Marseille), J. Ayew (Sochaux), Berbatov (Monaco), Briand (Lyon), Jouffre (Lorient), Kadir (Rennes), Khazri (Bastia), Perrin (Saint-Étienne), Saivet (Bordeaux)
5 buts: Ayite, Charbonnier, de Préville (Reims), Beauvue (Guingamp), Bedoya (Nantes), Bosetti (Nice), Brandão, Gradel (Saint-Étienne), Contout (Sochaux), Germain, Ocampos, Kurzava (Monaco), Lucas, Matuidi (Paris SG), Ntep (Rennes), Origi (Lille), Raspentino (Bastia)
4 buts: Andre (Ajaccio), Bauthéac (Nice), Ben Basat (Toulouse), Boudebouz (Sochaux et Bastia), Camara, Montaño, Niang, Tiéné (Montpellier), Dossevi, Doumbia, Pujol (Valenciennes), Grenier (Lyon), Krychowiak, Fortes (Reims), Mayuka, Sunzu (Sochaux), Mongongu, Sougou (Évian/Thonon), Monnet-Paquet (Lorient), Obraniak (Bordeaux, Romaric (Bastia)
3 buts: Alioui, Giresse, Sankharé (Guingamp), Ba, Squillaci (Bastia), Baradji, Eduardo, Lasne (Ajaccio), Benezet (Évian/Thonon), Corchia (Sochaux), Diallo (Lorient et Rennes), Djilobodji (Nantes), Eysseric (Nice), Faubert, Hoarau, Maurice-Belay, Sertić (Bordeaux), Ferreira-Carrasco, Obbadi (Monaco), Ferri, Gourcuff (Lyon), Hilton, Mounier (Montpellier), Maxwell, Thiago Motta, Thiago Silva (Paris SG), Mendes, Souaré (Lille), Sylla (Toulouse), Tabanou (Saint-Étienne), Valbuena (Marseille)
2 buts: Albæk, Devaux, Glombard (Reims), Alex, Marquinhos, Ménez, Rabiot (Paris SG), Aristeguieta (Nantes), Arrache, Camara, Faty, Mostefa, Perozo (Ajaccio), Atik, Diallo (Guingamp), Bahebeck, Le Tallec, Melikson, Saez (Valenciennes), Baša, Rodelin (Lille), Benzia, Fofana, Koné (Lyon), Bodmer, Kolodziejczak, Maupay (Nice), Butin (Sochaux), Chantôme, Trejo (Toulouse), Be. Cheyrou, Mendes, N'Koulou (Marseille), Cissé, Krasić, Modesto (Bastia), Clerc, Lemoine (Saint-Étienne), Henrique, Rolan (Bordeaux), Martial(Monaco), N'Sikulu (Évian/Thonon), Romero (Rennes), Stambouli (Montpellier), Traoré (Lorient)
1 but: Aguilar, Akpa-Akpro, Didot, Sirieix (Toulouse), Aït Fana, Bakar, Congré, Deza, Marveaux, Sanson (Montpellier), Angoua, da Silva, Ducourtioux, Yamissi, Masuaku, Medjani (Valenciennes), Angoula, Barbosa, Cambon, Ehret, Mensah, Rubén (Évian/Thonon), Audel, Bangoura, Bessat, Deaux, Djidji, Veretout, Vizcarrondo (Nantes), Bakayoko, Hountondji, Kana-Biyik, Konradsen, Makoun, Pajot(Rennes), Balmont, Delaplace, Gueye, Mavuba (Lille), Barthelme, Coutadeur, Doukouré, Écuélé, Koné, Lautoa, Sunu (Lorient), Bédimo, Fekir, Malbranque, Mvuemba, Tolisso (Lyon), Brüls, Pejčinović, Pied (Nice), Carlão, Lopy, Marange, Nogueira (Sochaux), Cavalli, Diarra, Oliech, Pedretti, Zubar (Ajaccio), Cohade, Diomande, Ghoulam, Mollo, Sall (Saint-Étienne), Diawara, Imbula, Khelifa, Mendy, Romao (Marseille), Diego, Signorino (Reims), Dirar, Moutinho, Kondogbia, Raggi, Toulalan (Monaco), Dja Djedjé (Évian/Thonon et Marseille), Douniama, Langil, Mandanne, Sorbon (Guingamp), Genest, Ilan, Keserü, Yatabaré (Bastia), N'Guémo, Traoré (Bordeaux), Nicoliţă (Saint-Étienne et Nantes), Pastore (Paris SG)

CLUB PAR CLUB

AJACCIO
À domicile
Bat: Lyon (2-1), Rennes (3-1), Reims (2-1)
Nul avec: Nice (0-0), Montpellier (1-1), Bastia (1-1), Sochaux (1-1), Toulouse (2-2), Bordeaux (1-1)
Battu par: Saint-Étienne (1-0), Évian/Thonon (3-2), Nantes (1-0), Valenciennes (3-1), Marseille (3-1), Lorient (2-1), Paris SG (2-1), Lille (3-2), Guingamp (2-1), Monaco (4-1)
À l'extérieur
Bat: Valenciennes (3-2)
Nul avec: Paris SG (1-1), Sochaux (0-0), Toulouse (1-1), Évian/Thonon (1-1), Nantes (2-2)
Battu par: Rennes (2-0), Lille (3-0), Guingamp (2-1), Bordeaux (4-0), Monaco (1-0), Reims (4-1), Nice (2-0), Lyon (3-1), Montpellier (2-0), Marseille (3-1), Bastia (2-1), Lorient (1-0), Saint-Étienne (3-1)

BASTIA
À domicile
Bat: Valenciennes (2-0), Toulouse (2-1), Lorient (4-1), Nice (1-0), Rennes (1-0), Évian/Thonon (2-0), Bordeaux (1-0), Guingamp (3-2), Reims (2-0), Ajaccio (2-1)
Nul avec: Marseille (0-0), Montpellier (0-0), Sochaux (2-2), Lille (1-1), Nantes (0-0)
Battu par: Lyon (3-2), Monaco (2-0), Saint-Étienne (2-0), Paris SG (3-0)
À l'extérieur
Bat: Toulouse (3-1), Montpellier (2-0)
Nul avec: Nantes (0-0), Guingamp (1-1), Saint-Étienne (2-2), Sochaux (1-1), Ajaccio (1-1), Lorient (1-1)
Battu par: Bordeaux (1-0), Monaco (3-0), Paris SG (4-0), Reims (4-2), Lille (2-1), Valenciennes (3-2), Marseille (3-0), Nice (2-0), Rennes (3-0), Évian/Thonon (2-1), Lyon (4-1)

BORDEAUX
À domicile
Bat: Bastia (1-0), Sochaux (4-1), Montpellier (2-0), Ajaccio (4-0), Lille (1-0), Valenciennes (2-1), Saint-Étienne (2-0), Évian/Thonon (2-1), Lorient (3-2), Guingamp (5-1)
Nul avec: Reims (0-0), Nice (1-1), Rennes (2-2), Marseille (1-1)
Battu par: Monaco (2-0), Paris SG (2-0), Nantes (3-0), Toulouse (1-0), Lyon (2-1)
À l'extérieur
Bat: Nice (1-2), Guingamp (0-1), Valenciennes (0-1)
Nul avec: Toulouse (1-1), Lorient (3-3), Évian/Thonon (1-1), Lyon (1-1), Rennes (1-1), Marseille (2-2), Montpellier (1-1), Nantes (0-0), Ajaccio(1-1), Monaco (1-1)
Battu par: Saint-Étienne (2-1), Bastia (1-0), Paris SG (2-0), Reims (1-0), Sochaux (2-0), Lille (2-1)

ÉVIAN/THONON
À domicile
Bat: Lyon (2-1), Toulouse (2-1), Paris SG (2-0), Nantes (2-0), Monaco (1-0), Bastia (2-1), Nice (2-0)
Nul avec: Sochaux (1-1), Montpellier (2-2), Bordeaux (1-1), Reims (1-1), Ajaccio (1-1), Lille (2-2)
Battu par: Rennes (2-1), Guingamp (2-1), Lorient (4-0), Marseille (2-1), Valenciennes (1-0), Saint-Étienne (2-1)
À l'extérieur
Bat: Ajaccio (2-3), Valenciennes (0-1), Guingamp (0-1), Sochaux (3-0)
Nul avec: Monaco (1-1), Rennes (0-0), Montpellier (1-1), Toulouse (1-1), Lorient (1-1),
Battu par: Marseille (2-0), Lille (3-0), Nantes (3-0), Bastia (2-0), Nice (3-1), Saint-Étienne (1-0), Lyon (3-0), Bordeaux (2-1), Paris SG (1-0), Reims (1-0)

GUINGAMP
À domicile
Bat: Lorient (2-0), Sochaux (5-1), Rennes (2-0), Ajaccio (2-1), Nantes (1-0), Nice (1-0), Valenciennes (1-0), Toulouse (2-0)
Nul avec: Bastia (1-1), Lille (0-0), Saint-Étienne (0-0), Paris SG (1-1)
Battu par: Marseille (3-1), Monaco (2-0), Reims (2-1), Bordeaux (1-0), Évian/Thonon (1-0), Lyon (1-0), Montpellier (2-1)
À l'extérieur
Bat: Évian/Thonon (1-2), Rennes (0-2), Ajaccio (1-2)
Nul avec: Reims (1-1), Montpellier (1-1), Valenciennes (1-1), Toulouse (0-0), Monaco (1-1)
Battu par: Saint-Étienne (1-0), Paris SG (2-0), Nice (1-0), Lyon (2-0), Lorient (2-0), Bastia (3-2), Sochaux (1-0), Lille (1-0), Nantes (1-0), Bordeaux (5-1), Marseille (1-0)

LILLE
À domicile
Bat: Lorient (1-0), Saint-Étienne (1-0), Évian/Thonon (3-0), Ajaccio (3-0), Monaco (2-0), Toulouse (1-0), Marseille (1-0), Bastia (2-1), Sochaux (2-0), Montpellier (2-0), Guingamp (1-0), Valenciennes (1-0), Bordeaux (2-1)
Nul avec: Rennes (1-1), Lyon (0-0), Nantes (0-0)
Battu par: Nice (2-0), Reims (2-1), Paris SG (3-1)
À l'extérieur
Bat: Sochaux (2-0), Montpellier (1-0), Nantes (1-0), Valenciennes (1-0), Ajaccio (3-2), Toulouse (2-1), Lorient (4-1)
Nul avec: Rennes (0-0), Lyon (0-0), Guingamp (0-0), Paris SG (2-2), Évian/Thonon (2-2), Monaco (1-1), Marseille (0-0), Bastia (1-1)
Battu par: Reims (2-1), Bordeaux (1-0), Saint-Étienne (2-0), Nice (1-0)

LORIENT
À domicile
Bat: Nantes (2-1), Valenciennes (1-0), Sochaux (2-1), Nice (3-0), Rennes (2-0), Guingamp (2-0), Saint-Étienne (1-0), Ajaccio (1-0)
Nul avec: Bordeaux (3-3), Reims (0-0), Lyon (2-2), Monaco (2-2), Bastia (1-1), Évian/Thonon (1-1), Montpellier (4-4)
Battu par: Marseille (2-0), Toulouse (3-1), Paris SG (1-0), Lille (4-1)
À l'extérieur
Bat: Évian/Thonon (4-0), Montpellier (2-0), Ajaccio (2-1), Nice (2-1), Lyon (1-0)
Nul avec: Valenciennes (1-1), Reims (1-1), Rennes (1-1)
Battu par: Lille (1-0), Guingamp (2-0), Monaco (1-0), Toulouse (1-0), Bastia (4-1), Saint-Étienne (3-2), Paris SG (4-0), Nantes (1-0), Marseille (1-0), Bordeaux (3-2), Sochaux (2-0)

LYON
À domicile
Bat: Nice (4-0), Nantes (3-1), Guingamp (2-0), Sochaux (2-0), Évian/Thonon (3-0), Ajaccio (3-1), Paris SG (1-0), Bastia (4-1)
Nul avec: Rennes (0-0), Lille (0-0), Bordeaux (1-1), Valenciennes (1-1), Toulouse (1-1), Marseille (2-2), Montpellier (0-0)
Battu par: Reims (1-0), Monaco (3-2), Saint-Étienne (2-1), Lorient (1-0)

À l'extérieur
Bat: Sochaux (3-1), Saint-Étienne (2-1), Bastia (3-1), Reims (2-0), Nantes (2-1), Bordeaux (2-1), Guingamp (1-0), Valenciennes (2-1) , Nice (1-0)
Nul avec: (2-2), Lille (0-0), Toulouse (0-0)
Battu par: Évian/Thonon (2-1), Ajaccio (2-1), Montpellier (5-1), Monaco (2-1), Paris SG (4-0), Rennes (2-0), Marseille (4-2)

MARSEILLE
À domicile
Bat: Évian/Thonon (2-0), Saint-Étienne (2-1), Sochaux (2-1), Montpellier (2-0), Valenciennes (2-1), Bastia (3-0), Lorient (1-0), Ajaccio (3-1), Lyon (4-2), Guingamp (1-0)
Nul avec: Bordeaux (2-2), Toulouse (2-2), Lille (0-0)
Battu par: Monaco (2-1), Paris SG (2-1), Reims (3-2), Nantes (1-0), Nice (1-0), Rennes (1-0)
À l'extérieur
Bat: Guingamp (3-1), Valenciennes (1-0), (2-0), Ajaccio (3-1), Évian/Thonon (2-1), Montpellier (3-2)
Nul avec: Toulouse (1-1), Bastia (0-0), Rennes (1-1), Lyon (2-2), Saint-Étienne (1-1), Reims (1-1), Sochaux (1-1), Nantes (1-1), Bordeaux (1-1)
Battu par: Nice (1-0), Lille (1-0), Monaco (2-0), Paris SG (2-0)

MONACO
À domicile
Bat: Montpellier (4-1), Lorient (1-0), Bastia (3-0), Saint-Étienne (2-1), Lyon (2-1), Rennes (2-0), Ajaccio (1-0), Marseille (2-0), Reims (3-2), Sochaux (2-1), Nantes (3-1), Nice (1-0)
Nul avec: Toulouse (0-0), Évian/Thonon (1-1), Paris SG (1-1), Lille (1-1), Guingamp (1-1), Bordeaux (1-1)
Battu par: Valenciennes (2-1)
À l'extérieur
Bat: Bordeaux (2-0), Marseille (2-1), Nantes (1-0), Nice (3-0), Guingamp (2-0), Toulouse (2-0), Bastia (2-0), Lyon (3-2), Rennes (1-0), Ajaccio (4-1), Valenciennes (2-1)
Nul avec: Paris SG (1-1), Reims (1-1), Sochaux (2-2), Montpellier (1-1), Lorient (2-2)
Battu par: Lille (2-0), Saint-Étienne (2-0), Évian/Thonon (1-0)

MONTPELLIER
À domicile
Bat: Sochaux (2-1), Lyon (5-1), Nice (3-1), Ajaccio (2-0), Toulouse (2-1)
Nul avec: Paris SG (1-1), Reims (0-0), Rennes (0-0), Nantes (1-1), Guingamp (1-1), Monaco (1-1), Évian/Thonon (1-1), Bordeaux (1-1), Valenciennes (0-0)
Battu par: Lille (1-0), Lorient (2-0), Saint-Étienne (1-0), Marseille (3-2), Bastia (2-0)
À l'extérieur
Bat: Sochaux (2-0), Reims (4-2), Guingamp (2-1)
Nul avec: Nice (2-2), Évian/Thonon (2-2), Ajaccio (1-1), Valenciennes (1-1), Toulouse (1-1), Bastia (0-0), Rennes (2-2), Lyon (0-0), Lorient (4-4)
Battu par: Monaco (4-1), Bordeaux (2-0), Marseille (2-0), Lille (2-0), Nantes (2-1), Saint-Étienne (2-0), Paris SG (4-0)

NANTES
À domicile
Bat: Sochaux (1-0, Nice (2-0), Évian/Thonon (3-0), Valenciennes (2-1), Lorient (1-0), Montpellier (2-1), Guingamp (1-0)
Nul avec: Bastia (0-0), Reims (0-0), Ajaccio (2-2), Bordeaux (0-0), Marseille (1-1)
Battu par: Paris SG (2-1), Lille (1-0), Monaco (1-0), Toulouse (2-1), Lyon (2-1), Rennes (3-10), Saint-Étienne (3-1)
À l'extérieur
Bat: Rennes (3-1), Ajaccio (1-0), Bordeaux (3-0), Marseille (1-0), Valenciennes (6-2)
Nul avec: Reims (0-0), Montpellier (1-1), Nice (0-0), Lille (0-0), Toulouse (1-1), Bastia (0-0)
Battu par: Lorient (2-1), Lyon (3-1), Guingamp (1-0), Saint-Étienne (2-0), Paris SG (5-0), Sochaux (1-0), Évian/Thonon (2-0), Monaco (3-1)

NICE
À domicile
Bat: Rennes (2-1), Valenciennes (4-0), Guingamp (1-0), Marseille (1-0), Sochaux (1-0), Évian/Thonon (3-1), Ajaccio (2-0), Lille (1-0), Bastia (2-0), Reims (1-0)
Nul avec: Lille (1-0), Montpellier (2-2), Nantes (0-0)
Battu par: Bordeaux (2-1), Saint-Étienne (1-0), Monaco (3-0), Toulouse (2-0), Paris SG (1-0), Lorient (2-1), Lyon (1-0)
À l'extérieur
Bat: Lille (2-0), Marseille (1-0)
Nul avec: Ajaccio (0-0), Rennes (0-0), Bordeaux (1-1), Saint-Étienne (1-1)
Battu par: Lyon (4-0), Nantes (2-0), Toulouse (1-0), Bastia (1-0), Paris SG (3-1), Lorient (3-0), Reims (1-0), Montpellier (3-1), Valenciennes (2-1), Guingamp (1-0), Monaco (1-0), Sochaux (2-0), Évian/Thonon (2-0)

PARIS SG
À domicile
Bat: Guingamp (2-0), Toulouse (2-0), Bastia (4-0), Lorient (4-0), Nice (3-1), Lyon (4-0), Sochaux (5-0), Nantes (5-0), Bordeaux (2-0), Valenciennes (3-0), Marseille (2-0), Saint-Étienne (2-0), Reims (3-0), Évian/Thonon (1-0), Montpellier (4-0)
Nul avec: Ajaccio (1-1), Monaco (1-1), Lille (2-2)
Battu par: Rennes (2-1)
À l'extérieur
Bat: Nantes (2-1), Bordeaux (2-0), Valenciennes (1-0), Marseille (2-1), Reims (3-0), Rennes (3-1), Ajaccio (2-1), Toulouse (4-2), Bastia (3-0), Lorient (1-0), Nice (1-0), Lille (3-1)
Nul avec: Saint-Étienne (2-2), Montpellier (1-1), Guingamp (1-1), Monaco (1-1), Sochaux (1-1)
Battu par: Évian/Thonon (2-0), Lyon (1-0)

REIMS
À domicile
Bat: Lille (2-1), Bastia (4-2), Nice (1-0), Ajaccio (4-1), Bordeaux (1-0), Valenciennes (3-1), Évian/Thonon (1-0)
Nul avec: Nantes (0-0), Guingamp (1-1), Monaco (1-1), Marseille (1-1), Lorient (1-1), Saint-Étienne (2-2)
Battu par: Toulouse (2-1), Paris SG (3-0), Lyon (2-0), Montpellier (4-0), Sochaux (1-0), Rennes (3-1)
À l'extérieur
Bat: Lyon (1-0), Marseille (3-2), Sochaux (2-0), Lille (2-1), Guingamp (2-1)
Nul avec: Montpellier (0-0), Bordeaux (0-0), Valenciennes (1-1), Lorient (0-0), Évian/Thonon (1-1), Nantes (0-0)
Battu par: Rennes (2-1), Saint-Étienne (4-0), Monaco (3-2), Toulouse (3-2), Bastia (2-0), Paris SG (3-0), Nice (1-0), Ajaccio (2-1)

RENNES
À domicile
Bat: Reims (2-1), Ajaccio (2-0), Saint-Étienne (3-), Lyon (2-0), Bastia (3-0)
Nul avec: Lille (0-0), Valenciennes (2-1), Marseille (1-1), Bordeaux (1-1), Nice (0-0), Évian/Thonon (0-0), Montpellier (2-2), Lorient (1-1)
Battu par: Nantes (3-1), Paris SG (3-1), Guingamp (2-0), Toulouse (3-2), Monaco (1-0), Sochaux (2-1)
À l'extérieur
Bat: Évian/Thonon (2-1), Toulouse (5-0), Nantes (3-0), Marseille (1-0), Paris SG (2-1), Reims (3-1)
Nul avec: Lyon (0-0), Montpellier (0-0), Lille (1-1), Bordeaux (2-2), Saint-Étienne (0-0)
Battu par: Nice (2-1), Guingamp (2-0), Bastia (1-0), Monaco (2-0), Ajaccio (3-1), Lorient (2-0), Sochaux (2-1), Valenciennes (2-1)

SAINT-ÉTIENNE
À domicile
Bat: Guingamp (1-0), Bordeaux (2-1), Lorient (3-2), Reims (4-0), Nantes (2-0), Évian/Thonon (1-0), Lille (2-0), Valenciennes (3-0), Monaco (2-0), Sochaux (3-1), Montpellier (2-0), Ajaccio (3-1)
Nul avec: Bastia (2-2), Paris SG (2-2), Marseille (1-1), Nice (1-1), Rennes (0-0)
Battu par: Toulouse (2-1), Lyon (2-1)
À l'extérieur
Bat: Ajaccio (1-0), Valenciennes (3-1), Nice (1-0), Montpellier (1-0), Bastia (2-0), Lyon (2-1), Évian/Thonon (2-1), Nantes (3-1)
Nul avec: Sochaux (0-0), Guingamp (0-0), Toulouse (0-0), Reims (2-2)
Battu par: Lille (1-0), Marseille (2-1), Monaco (2-1), Rennes (3-1), Bordeaux (2-0), Lorient (1-0), Paris SG (2-0)

SOCHAUX
À domicile
Bat: Valenciennes (2-0), Rennes (2-1), Nantes (1-0), Guingamp (1-0), Bordeaux (2-0), Lorient (2-0), Toulouse (2-0), Nice (2-0)
Nul avec: Ajaccio (0-0), Monaco (2-2), Saint-Étienne (0-0), Bastia (1-1), Marseille (1-1), Paris SG (1-1)
Battu par: Lyon (3-1), Lille (2-0), Reims (2-0), Montpellier (2-0), Évian/Thonon (3-0)
À l'extérieur
Bat: Reims (1-0), Rennes (2-1)
Nul avec: Évian/Thonon (1-1), Ajaccio (1-1), Valenciennes (2-2), Bastia (2-2)
Battu par: Montpellier (2-1), Nantes (1-0), Guingamp (5-1), Bordeaux (4-1), Lorient (2-1), Marseille (2-1), Toulouse (5-1), Paris SG (5-0), Nice (1-0), Lyon (2-0), Lille (2-0), Monaco (2-1), Saint-Étienne (3-1)

TOULOUSE
À domicile
Bat: Lorient (1-0), Nice (1-0), Sochaux (5-1), Reims (3-2), Valenciennes (3-1)
Nul avec: Bordeaux (1-1), Marseille (1-1), Ajaccio (1-1), Montpellier (1-1), Guingamp (0-0), Saint-Étienne (0-0), Évian/Thonon (1-1), Lyon (0-0), Nantes (1-1)
Battu par: Rennes (5-0), Monaco (2-0), Bastia (3-1), Paris SG (4-2), Lille (2-1)
À l'extérieur
Bat: Saint-Étienne (2-1), Reims (2-1), Nantes (2-1), Bordeaux (1-0), Lorient (3-1), Nice (2-0), Rennes (3-2)
Nul avec: Monaco (0-0), Lyon (1-1), Marseille (2-2), Ajaccio (2-2)
Battu par: Valenciennes (3-0), Bastia (2-1), Paris SG (2-0), Évian/Thonon (2-1), Lille (1-0), Sochaux (2-0), Montpellier (2-1), Guingamp (2-0)

VALENCIENNES
À domicile
Bat: Toulouse (3-0), Bastia (3-2), Nice (2-1), Rennes (2-1)
Nul avec: Reims (1-1), Montpellier (1-1), Guingamp (1-1), Lorient (1-1), Sochaux (2-2)
Battu par: Marseille (1-0), Saint-Étienne (3-1), Paris SG (1-0), Évian/Thonon (1-0), Lille (1-0), Ajaccio (3-2), Lyon (2-1), Nantes (6-2), Bordeaux (1-0), Monaco (2-1)
À l'extérieur
Bat: Monaco (2-1), Ajaccio (3-1), Évian/Thonon (1-0)
Nul avec: Rennes (2-2), Lyon (1-1), Montpellier (0-0)
Battu par: Bastia (2-0), Lorient (1-0), Nice (4-0), Sochaux (2-0), Nantes (2-1), Bordeaux (2-1), Marseille (2-1), Saint-Étienne (3-0), Paris SG (3-0), Reims (3-1), Lille (1-0), Guingamp (1-0), Toulouse (3-1)

CHAMPIONNAT DE FRANCE DE LIGUE 2

CLASSEMENT FINAL	PTS	J	G	N	P	BP	BC	DIF
1. Metz	76	38	22	10	6	55	28	27
2. Lens	65	38	17	14	7	58	40	18
3. Caen	64	38	18	10	10	65	44	21
4. Nancy	61	38	16	13	9	47	37	10
5. Niort	58	38	15	13	10	51	47	4
6. Dijon	57	38	14	15	9	53	42	11
7. Brest	56	38	15	11	12	38	32	6
8. Tours	55	38	15	10	13	63	56	7
9. Angers	55	38	14	13	11	46	45	1
10. Troyes	52	38	15	7	16	56	44	12
11. Créteil	50	38	12	14	12	57	58	-1
12. Le Havre	48	38	11	15	12	43	43	0
13. Arles-Avignon	46	38	10	16	12	36	38	-2
14. Clermont	45	38	10	15	13	31	38	-7
15. Nîmes	44	38	10	14	14	49	54	-5
16. Auxerre	43	38	10	13	15	35	45	-10
17. Laval	42	38	10	12	16	44	52	-8
18. Châteauroux	40	38	10	10	18	43	59	-16
19. Istres	36	38	9	9	20	48	74	-26
20. CA Bastia	24	38	4	12	22	21	63	-42

Metz, Lens et Caen promus en Ligue 1
Châteauroux, Istres et CA Bastia relégués en National

CHAMPIONNAT NATIONAL

Classement final : 1. Orléans 64 pts ; 2. Luzenac 62 pts ; 3. GFC Ajaccio 57 pts ; 4. Colmar 50 pts ; 5. Dunkerque 49 pts ; 6. Carquefou 47 pts ; 7. Red Star 47 pts ; 8. Amiens 46 pts ; 9. Paris FC 45 pts ; 10. Bourg-Péronnas 43 pts ; 11. Fréjus Saint-Raphaël 41 pts ; 12. Poiré-sur-Vie 41 pts ; 13. Luçon 38 pts ; 14. Boulogne 37 pts ; 15. Colomiers 36 pts ; 16. Strasbourg 34 pts ; 17. Vannes 29 pts ; 18. Uzès 23 pts

COUPE DE LA LIGUE

1er tour :
Auxerre bat Brest 4-1
Tours bat Istres 2-2 a.p. (4 tab à 3)
Créteil bat Boulogne-sur-Mer 1-1 a.p. (4 tab à 3)
Nîmes bat Laval 1-0
Amiens bat Châteauroux 1-0
Le Havre bat Niort 3-2
Caen bat Metz 2-0
Troyes bat GFC Ajaccio 2-2 a.p. (5 tab à 3)
Clermont bat Dijon 3-0
Arles-Avignon bat CA Bastia 1-0
Lens (L2) bat Angers (L2) 2-1 a.p.

2e tour :
Auxerre (L2) bat Caen (L2) 3-0
Tours (L2) bat Clermont (L2) 1-0
Troyes (L2) bat Nîmes (L2) 2-1
Créteil (L2) bat Lens (L2) 4-3
Nancy (L2) bat Arles-Avignon (L2) 1-0
Amiens (Nat) bat Le Havre (L2) 3-2 a.p.

16es de finale :
Bastia (L1) bat Ajaccio (L1) 1-0
Tours (L2) bat Amiens (Nat) 3-1
Troyes (L2) bat Valenciennes 1-3
Rennes bat Nancy (L2) 2-1 a.p
Lille bat Auxerre (L2) 0-1 a.p.
Toulouse bat Créteil (L2) 1-3
Nantes bat Lorient 2-0
Évian/Thonon bat Guingamp 2-1
Sochaux bat Montpellier 3-2 a.p.
Reims bat Monaco 1-0

8es de finale :
Nantes bat Auxerre (L2) 1-0
Lyon bat Reims 3-2
Nice bat Sochaux 3-0
Paris SG bat Saint-Étienne 2-2
Troyes (L2) bat Tours (L2) 3-2
Marseille bat Toulouse 2-1
Évian/Thonon bat Bastia 2-1
Bordeaux bat Rennes 2-1

Quarts de finale :
Paris SG bat Bordeaux 3-1
Nantes bat Nice 4-3
Troyes (L2) bat Évian/Thonon 3-1
Lyon bat Marseille 2-1

Demi-finales :
Paris SG bat Nantes 2-1
Lyon bat Troyes (L2) 2-1

Finale :
Le 19 avril, au Stade de France
Paris SG bat Lyon 2-1 (2-0)
Arbitre : Stéphane Lannoy
Spectateurs : 80 000
Buts : Cavani (4, 33 s.p.) pour Paris SG, Lacazette (56) pour Lyon
Les équipes :
Paris SG : Douchez - Jallet, Alex, Thiago Silva, Maxwell - Thiago Motta, Matuidi, Verratti puis Cabaye (74)- Lucas puis Menez (90), Cavani, Lavezzi puis Pastore (74)
Lyon : Lopes - Dabo puis Briand (54), Bisevac, Umtiti, Bedimo puis Koné (90+1) - Malbranque puis Fekir (68), Mvuemba, Gonalons, Tolisso - Lacazette, Gomis

COUPE DE FRANCE

32es de finale :
Lens bat Avranches 3-1
Niort bat Épinal 4-1
Chasselay bat Istres 1-1 a.p. (3 tab à -2)
Caen bat Pontarlier 3-1
Angers bat Chambly-Thelle -1 a.p. (6 tab à 5)
CA Bastia bat La Roche-sur-Yon 3-0 a.p.
Moulins bat Magny 6-1
Dijon bat Aubagne 3-3 a.p. (5 tab à 4)
Yzeure bat Lorient 1-0
Boulogne-sur-Mer bat Beauvais 3-1
Plabennec bat Les Herbiers 1-0
Sochaux bat Bressuire 3-0
Concarneau bat Poissy 1-0
Toulouse bat Romorantin 2-1
Rennes bat Valenciennes 1-1 a.p. (8 tab à 7)
Auxerre bat Marcq-en-Barœul 6-2
Croix Football bat Saint-Amand 1-1 a.p. (4 tab à 2)
L'Île-Rousse bat La Cayolle 2-0
Guingamp bat Bourg-Péronnas 2-0
Lille bat Amiens 3-1
Bastia bat Évian/Thonon 1-0
Nice bat Nantes 2-0
Lyon bat La Suze 6-1
Montpellier bat Rodez 2-0
Bordeaux bat Raon-l'Étape 2-1
Ajaccio bat Quimperlé 2-1
Monaco bat Vannes 3-2
Sète bat Carquefou 2-0
Marseille bat Reims 2-0 a.p.
Paris SG bat Brest 5-2
Jura Sud Foot bat Créteil 1-0
Cannes bat Saint-Étienne 1-1 (4 tab à 3)

16es de finale :
Caen bat AC Ajaccio 2-0
Lens bat Bastia 2-1 a.p.
Angers bat Sochaux 1-0
Rennes bat Boulogne-sur-Mer 2-0
Sète bat Jura Sud 2-0
Guingamp bat Concarneau 3-2 a.p.
Lille bat Iris Croix 3-0
CA Bastia bat Niort 2-2 a.p. (5 tab à 4)
Nice bat Marseille 5-4
Monaco bat Chasselay 3-0
L'Île-Rousse bat Bordeaux 0-0 a.p. (4 tab à 3)
Lyon bat Yzeure 3-1
Moulins bat Toulouse 2-1
Montpellier bat Paris SG 2-1
Auxerre bat Dijon 3-2 a.p.
Cannes bat Plabennec 1-0

8es de finale :
Guingamp bat L'Île-Rousse 2-0
Rennes bat Auxerre 1-0
Moulins bat Sète 3-1
Monaco bat Nice 1-0 a.p.
Cannes bat Montpellier 1-0 a.p.
Angers bat CA Bastia 4-2 a.p.
Lille bat Caen 3-3 a.p. (6 tab à 5)
Lens bat Lyon 2-1 a.p.

Quarts de finale :
Angers bat Moulins 0-0 (4 tab à 2)
Guingamp bat Cannes 2-0
Monaco bat Lens 6-0
Rennes bat Lille 2-0

Demi-finales :
Rennes bat Angers 3-2
Guingamp bat Monaco 3-1 a.p.

Finale :
Le 3 mai, au Stade de France
Guingamp bat Rennes 2-0 (1-0)
Spectateurs : 80 000
Arbitre : Tony Chapron
Buts : Martins Pereira (36), Yatabaré (46) pour Guingamp
Les équipes :
Rennes : Costil - Danzé (cap.), Kana-Biyik, Armand, S. Moreira - A. Doucouré, Konradsen puis Oliveira (62), Makoun puis Pajot (68) - Grosicki puis Ntep (52), Toivonen, Alessandrini
Guingamp : Ma. Samassa - Martins Pereira, Kerbrat, Sorbon, Lévêque – Beauvue puis Atik (83), Mathis (cap.), Sankharé, Langil puis Giresse (79) - Mandanne puis Diallo (69), Mu. Yatabaré

LIGUE DES CHAMPIONS

1er tour préliminaire :
Shirak - Tre Penne 3-0 et 0-1
Streymur - Lusitans 2-2 et 5-1

2e tour préliminaire :
Ludogorets Razgrad - Slovan Bratislava 2-1 et 3-0
Maribor - Birkirkara 0-0 et 2-0
Legia Varsovie - The News Saints 3-1 et 1-0
Partizan Belgrade - Shirak 1-1 et 0-0
Shakhter Karagandy - BATE Borisov -0 et 1-0
Sheriff Tiraspol - Sutjeska 1-1 et 5-0
Nomme Kalju - HJK Helsinki 0-0 et 2-1
Elfsborg - Daugava Daugavpils 7-1 et 4-0
Molde - Sligo Rovers 1-0 et 2-0
Skënderbeu Körçe - Neftçi 0-0 et 1-0 a.p
Dinamo Tbilissi - Streymur 6-1 et 3-1
Maccabi Tel-Aviv - Gyor 2-0 et 2-1
Steaua Bucarest - Vardar 3-0 et 0-2
Celtic Glasgow - Cliftonville 3-0 et 2-0
Dinamo Zagreb - Fola Esch 5-0 et 1-0
Viktoria Plzen - Zeljeznicar Sarajevo 4-3 et 2-1
Hafnarfjördur - Ekranas 1-0 et 2-1

3e tour préliminaire :
FC Bâle - Maccabi Tel-Aviv 0-1 et 3-3
Steaua Bucarest Dinamo Tbilissi 2-0 et 1-1
Maribor - APOEL FC 1-1 et 0-0
Shakhter - Skenderbeu 3-0 et 2-3
Fenerbahçe - Salzbourg 1-1 et 3-1
Ludogorets - Partizan Belgrade 2-1 et 1-0
Lyon - Grasshopper Zurich 1-0 et 1-0
Austria Vienne - Hafnarfjördur 1-0 et 0-0
Zenit Saint-Pétersbourg - Nordsjaelland 1-0 et 5-0
Metalist Kharkiv - PAOK Salonique 2-0 et 1-1
Dinamo Zagreb - Sheriff 1-0 et 3-0
Celtic Glasgow - Elfsborg 1-0 et 0-0
Viktoria Pilsen - Nomme Kalju 4-0 et 6-2
Legia Varsovie - Molde FK 1-1 et 0-0
PSV Eindhoven - Zulte Waregem 2-0 et 3-0

Barrages :
Arsenal - Fenerbahçe 3-0 et 2-0
FC Bâle - Ludogorets 4-2 et 2-0
Schalke 04 - PAOK Salonique 3-2 et 1-1
Austria Vienne - Dinamo Zagreb 2-0 et 2-3
Steaua Bucarest - Legia Varsovie 2-2 et 1-1
Real Sociedad - Lyon 2-0 et 2-0
Celtic Glasgow - Shakhter 0-2 et 3-0
Zenit St-Pétersbourg - Paços de Ferreira 4-1 et 4-2
AC Milan - PSV Eindhoven 1-1 et 3-0
Viktoria Plzen - Maribor 1-0 et 3-1

Phase de groupes - Groupe A :
Real Sociedad - Shakhtar Donetsk 0 - 2
Manchester United - Bayer Leverkusen 4 - 2
Shakhtar Donetsk - Manchester United 1 - 1
Bayer Leverkusen - Real Sociedad 2 - 1
Bayer Leverkusen - Shakhtar Donetsk 4 - 0
Manchester United - Real Sociedad 1 - 0
Shakhtar Donetsk - Bayer Leverkusen 0 - 0
Real Sociedad - Manchester United 0 - 0
Shakhtar Donetsk - Real Sociedad 4 - 0
Bayer Leverkusen - Manchester United 0 - 5
Real Sociedad - Bayer Leverkusen 0 - 1
Manchester United - Shakhtar Donetsk 1 - 0

Classement	Pts	J	G	N	P	bp	bc	dif
1. Manchester Uted	14	6	4	2	0	12	3	9
2. Bayer Leverkusen	10	6	3	1	2	9	10	-1
3. Shakhtar Donetsk	8	6	2	2	2	7	6	1
4. Real Sociedad	1	6	0	1	5	1	10	-9

Groupe B :
Galatasaray - Real Madrid 1 - 6
FC Copenhague - Juventus 1 - 1
Real Madrid - FC Copenhague 4 - 0
Juventus - Galatasaray 2 - 2
Galatasaray - FC Copenhague 3 - 1
Real Madrid - Juventus 2 - 1
Juventus - Real Madrid 2-2
FC Copenhague - Galatasaray 1 - 0
Real Madrid - Galatasaray 4 - 1
Juventus - FC Copenhague 3 - 1
FC Copenhague - Real Madrid 0 - 2
Galatasaray - Juventus 1 - 0

Classement	Pts	J	G	N	P	bp	bc	dif
1. Real Madrid	16	6	5	1	0	20	5	15
2. Galatasaray	7	6	2	1	3	8	14	-6
2. Juventus	6	6	1	3	2	9	9	0
4. FC Copenhague	4	6	1	1	4	4	13	-9

Groupe C :
Olympiakos - **Paris SG** 1 - 4
Benfica - Anderlecht 2 - 0
Paris SG - Benfica 3 - 0
Anderlecht - Olympiakos 0 - 3
Anderlecht - **Paris SG** 0 - 5

Benfica - Olympiakos 1 - 1
Olympiakos - Benfica 1 - 0
Paris SG - Anderlecht 1 - 1
Paris SG - Olympiakos 2 - 1
Anderlecht - Benfica 2 - 3
Olympiakos - Anderlecht 3 - 1
Benfica - **Paris SG** 2 - 1

Classement	Pts	J	G	N	P	bp	bc	dif
1. Paris SG	13	6	4	1	1	16	5	11
2. Olympiakos	10	6	3	1	2	10	8	2
3. Benfica	10	6	3	1	2	8	8	0
4. Anderlecht	1	6	0	1	5	4	17	-13

Groupe D:
Bayern Munich - CSKA Moscou 3 - 0
Viktoria Plzen - Manchester City 0 - 3
CSKA Moscou - Viktoria Plzen 3 - 2
Manchester City - Bayern Munich 1 - 3
Bayern Munich - Viktoria Plzen 5 - 0
CSKA Moscou - Manchester City 1 - 2
Viktoria Plzen - Bayern Munich 0 - 1
Manchester City - CSKA Moscou 5 - 2
CSKA Moscou - Bayern Munich 1 - 3
Manchester City - Viktoria Plzen 4 - 2
Bayern Munich - Manchester City 2 - 3
Viktoria Plzen - CSKA Moscou 2 - 1

Classement	Pts	J	G	N	P	bp	bc	dif
1. Bayern Munich	15	6	5	0	1	17	5	12
2. Manchester City	15	6	5	0	1	18	10	8
3. Viktoria Plzen	3	6	1	0	5	6	17	-11
4. CSKA Moscou	3	6	1	0	5	8	17	-9

Groupe E:
Schalke 04 - Steaua Bucarest 3 - 0
Chelsea - Bâle 1 - 2
Steaua Bucarest - Chelsea 0 - 4
Bâle - Schalke 04 0 - 1
Steaua Bucarest - Bâle 1 - 1
Schalke 04 - Chelsea 0 - 3
Bâle - Steaua Bucarest 1 - 1
Chelsea - Schalke 04 3 - 0
Steaua Bucarest - Schalke 04 0 - 0
Bâle - Chelsea 1 - 0
Schalke 04 - Bâle 2 - 0
Chelsea - Steaua Bucarest 1 - 0

Classement	Pts	J	G	N	P	bp	bc	dif
1. Chelsea	12	6	4	0	2	12	3	9
2. Schalke 04	10	6	3	1	2	6	6	0
3. Bâle	8	6	2	2	2	5	6	-1
4. Steaua Bucarest	3	6	0	3	3	2	10	-8

Groupe F:
Marseille - Arsenal 1 - 2
Naples - Dortmund 2 - 1
Dortmund - **Marseille** 3 - 0
Arsenal - Naples 2 - 0
Marseille - Naples 1 - 2
Arsenal - Dortmund 1 - 2
Dortmund - Arsenal 0 - 1
Naples - **Marseille** 3 - 2
Dortmund - Naples 3 - 1
Arsenal - **Marseille** 2 - 0
Marseille - Dortmund 1 - 2
Naples - Arsenal 2 - 0

Classement	Pts	J	G	N	P	bp	bc	dif
1. Dortmund	12	6	4	0	2	11	6	5
2. Arsenal	12	6	4	0	2	8	5	3
3. Naples	12	6	4	0	2	10	9	1
4. Marseille	0	6	0	0	6	5	14	-9

Groupe G:
Atlético Madrid - Saint-Pétersbourg 3 - 1
Austria Vienne - FC Porto 0 - 1
Saint-Pétersbourg - Austria Vienne 0 - 0
FC Porto - Atlético Madrid 1 - 2
Austria Vienne - Atlético Madrid 0 - 3
FC Porto - Saint-Pétersbourg 0 - 1
Saint-Pétersbourg - FC Porto 1 - 1
Atlético Madrid - Austria Vienne 4 - 0
Saint-Pétersbourg - Atlético Madrid 1 - 1
FC Porto - Austria Vienne 1 - 1
Atlético Madrid - FC Porto 2 - 0
Austria Vienne - Saint-Pétersbourg 4 - 1

Classement	Pts	J	G	N	P	bp	bc	dif
1. Atlético Madrid	16	6	5	1	0	15	3	12
2. Saint-Pétersbourg	6	6	1	3	2	5	9	-4
3. FC Porto	5	6	1	2	3	4	7	-3
4. Austria Vienne	5	6	1	2	3	5	10	-5

Groupe H:
FC Barcelone - Ajax Amsterdam 4 - 0
AC Milan - Celtic 2 - 0
Ajax Amsterdam - AC Milan 1 - 1
Celtic - FC Barcelone 0 - 1
AC Milan - FC Barcelone 1 - 1
Celtic - Ajax Amsterdam 2 - 1
FC Barcelone - AC Milan 3 - 1
Ajax Amsterdam - Celtic 1 - 0
Ajax Amsterdam - FC Barcelone 2 - 1
Celtic - AC Milan 0 - 3
FC Barcelone - Celtic 6 - 1
AC Milan - Ajax Amsterdam 0 - 0

Classement	Pts	J	G	N	P	bp	bc	dif
1. FC Barcelone	13	6	4	1	1	16	5	11
2. AC Milan	9	6	2	3	1	8	5	3
3. Ajax Amsterdam	8	6	2	2	2	5	8	-3
4. Celtic	3	6	1	0	5	3	14	-11

Les deux premiers de chaque groupe en 8e de finale, le 3e en Europa League

Huitièmes de finale:
Bayern Munich - Arsenal 2-0 et 1-1
Atlético Madrid - AC Milan 1-0 et 4-1
FC Barcelone - Manchester City 2-0 et 2-1
Paris SG - Bayer Leverkusen 4-0 et 2-1
Chelsea - Galatasaray 1-1 et 2-0
Real Madrid - Schalke 04 6-1 et 3-1
Manchester United - Olympiakos 0-2 et 3-0
Borussia Dortmund - Zenit St Pétersbourg 4-2 et 1-2

> Le 18 février, à Leverkusen

Paris SG bat Bayer Leverkusen 4-0 (3-0)
29 412 spectateurs
Arbitre: V. Kassai (HUN)
Buts: Matuidi (3), Ibrahimovic (39 s.p., 42), Cabaye (88)
Exclusion: Spahic (59, 2e avertissement) pour Bayer Leverkusen
Les équipes:
Bayer Leverkusen: Leno - Hilbert, Spahic, Toprak, Guardado - L. Bender, Rolfes (cap) puis Reinartz (46), Castro - Sam puis Wollscheid (62), Kiessling, Son puis Brandt (46)
Paris SG: Sirigu -Van der Wiel, Alex, Silva (cap), Maxwell - Verratti, Thiago Motta, Matuidi puis Cabaye (67) - Lucas, Ibrahimovic, Lavezzi puis Pastore (76)

> Le 12 mars, au Parc des Princes

Paris SG bat Bayer Leverkusen 2-1 (1-1)
40 000 spectateurs
Arbitre: I. Bebek (CRO)
Buts: Marquinhos (13), Lavezzi (53) pour Paris SG, Sam (6) pour Bayer Leverkusen
Exclusion: Can (68, 2e avertissement) pour Bayer Leverkusen
Les équipes:
Paris SG: Sirigu - Jallet, Marquinhos, Silva (cap), Digne - Pastore, Cabaye, Rabiot – Cavani puis Z. Camara (85), Ibrahimovic puis Ménez (72), Lavezzi puis Lucas (63)
Bayer Leverkusen: Leno - Donati, Wollscheid, Toprak, Guardado - Rolfes (cap), Reinartz puis Wagener (78), Can - Sam puis Brandt (67), Derdiyok, Castro puis Son (67)

Quarts de finale:
Chelsea – **Paris SG** 1-3 et 2-0
Real Madrid – Dortmund 3-0 et 0-2
Bayern Munich – Manchester United 1-1 et 3-1
Atlético Madrid – FC Barcelone 1-1 et 1-0

> Le 2 avril, au Parc des Princes

Paris SG bat Chelsea 3-1 (1-1)
Arbitre: M. Mazic (SRB)
46 000 spectateurs
Buts: Lavezzi (3), David Luiz (61 c.s.c.), Pastore (90 3) pour Paris SG, E. Hazard (27 s.p.) pour Chelsea
Les équipes:
Paris SG: Sirigu - Jallet, Alex, Silva (cap), Maxwell - Verratti puis Cabaye (76), Thiago Motta, Matuidi - Cavani, Ibrahimovic puis Lucas (68), Lavezzi puis Pastore (85)
Chelsea: Cech - Ivanovic, Cahill, Terry (cap), Azpilicueta - Willian, Ramires, Oscar puis Lampard (72), David Luiz, E. Hazard - Schürrle puis Torres (59)

> Le 8 avril, à Londres

Chelsea bat Paris SG 2-0 (1-0)
38 080 spectateurs
Arbitre: P. Proença (POR)
Buts: Schürrle (32), Ba (87)
Les équipes:
Chelsea: Cech - Ivanovic, Cahill, Terry (cap), Azpilicueta - Willian, David Luiz, Oscar puis Torres (81), Lampard puis Ba (66), E. Hazard puis Schürrle (18) - Eto'o
Paris SG: Sirigu - Jallet, Alex, Silva (cap), Maxwell - Verratti puis Cabaye (55), Thiago Motta, Matuidi - Lucas puis Marquinhos (84), Cavani, Lavezzi puis Pastore (73)

Demi-finales:
Atlético Madrid – Chelsea 0-0 et 3-1
Real Madrid – Bayern Munich 1-0 et 4-0

Finale:
Le 24 mai à Lisbonne
Real Madrid bat Atlético Madrid 4-1 a.p. (0-1, 1-1, 1-1)
60 976 spectateurs
Arbitre: B. Kuipers (NED)
Buts: Ramos (90+3), Bale (110), Marcelo (118), Cristiano Ronaldo (120 s.p.) pour Real Madrid, Godin (36) pour Atlético Madrid
Les équipes:
Real Madrid: Casillas (cap) - Carvajal, Varane, Ramos, Coentrao puis Marcelo (59) - Modric, Khedira puis Isco (59), Di Maria - Bale, Benzema puis Álvaro Morata (79), Cristiano Ronaldo
Atlético Madrid: Courtois - Juanfran, Miranda, Godin, Filipe Luis puis Alderweireld (83) - Raul Garcia puis Sosa (66), Gabi (cap), Tiago, Koke - Diego Costa puis Adrian (9), Villa

EUROPA LEAGUE

1er tour préliminaire:
Víkingur Gøta – Inter Turku 1-1 et 2-1
Žalgiris Vilnius – St Patrick 2-2 et 4-3
Ventspils - Airbus UK Broughton 0-0 et 1-1
Gefle IF – 3-0 et 5-1
KR Reykjavik – Glentoran 0-0 et 3-0
Chikhura Sachkhere – FC Vaduz 0-0 et 1-1
Milsami Orhei – Dudelange 1-0 et 0-0
Qarabag Agdam - Metalurg Skopje 1-0 et 1-0
Mladost Podgorica – Videoton 1-0 et 1-2
Kukësi - Flora Tallinn 0-0 et 1-0
Pyunik Erevan - Teteks Tetovo 1-1 et 1-0
Dacia Chisinau - Teuta Durrës 2-0 et 1- 3
FK Sarajevo – AC Libertas 1-0 et 2-1
Khazar Lankaran - Sliema Wanderers 1-1 et 1-0
Irtysh Pavlodar - Levski Sofia 0-0 et 2-0
Vajvodina Novi Sad - Hibernians 4-1 et 3-2
Botev Plovdiv - FC Astana 1-0 et 5-0
HSK Zrinjski - UE Santa Coloma 3-1 et 1-0
Astra Giurgin - NK Domžale 1-0 et 2-0
Rudar Pljevlja – Mika Ereva, 1-0 et 1-0
Breiðablik Kopavogur – FC Santa Coloma 4-0 et 0-0
Malmö FF - Drogheda United 0-0 et 2-0
Inter Bakou – IFK Mariehamm 1-1 et 2-0
Linfield - ÍF Fuglafjørður 2-0 et 3-0
Prestatyn Town – Liepajas Metalurgs 1-2 et 2-1 (4 tab à 3)
Tromsø IL – NK Celje 1-2 et 2-0
Skonto Riga - FC Tiraspol 1-0 et 0-1 (-4 tab) 2)
Rosenborg - Crusaders 2-1 et 7-2
ÍB Vestmannaeyjar – HB Torshavn 1-1 et 1-0
Jeunesse d'Esch – TPS Turku 2-0 et 1-2
Lavedia Tallinn - Bala Town 0-1 et 3-1
Dynamo Minsk – Kruoja Pakruojis 3-0 et 5-0
Valetta FC - SP La Fiorita 3-0 et 1-0
Differdange - Laçi 1-0 et 2-1
Aktobe - Gandzasar Kapan 2-1 et 2-1
Honved Budapest - Čelik Nikšić 4-1 et 9-0
MSK Zilina - Torpedo Koutaïssi 3-0 et 3-3
Horizont Burnovo - Sūduva Marijampolė 2-2 et 2-2 (5 tab à 4)

2e tour préliminaire:
BK Häcken - Sparta Prague 2-2 et 1-0
Dila Gori – Alborg 3-0 et 0-0
Slovan Liberec 1-2 et 1-0
Strømsgodset – Debrecen 2-2 et 3-0
Lech Poznan - Honka Espoo 3-1 et 2-1
Tromsø IL – Inter Bazkou 2-0 et 0-1
Botev Plovdiv - HŠK Zrinjski Mostar 1-1 et 2-0
Mladost Podgorica – Senica 2-0 et 1-0
Kukësi – FK Sarajevo 3-2 et 0-0
Maccabi Haïfa – Khazar Lankaran 2-0 et 8-0
Pacurii Targu Jiu 0-0 et 4-0
Petrolul Ploiesti – Vikingur Gota 3-0 et 4-0
Étoile rouge de Belgrade – IB Vestmannaeyjar 2-0 et 0-0
Tchernomorets Odessa – Dacia Chisinau 2-0 et 1-2
Qarabag Aqdam – Piast Gliwice 2-1 et 2-2 a.p.
Gefle IF - Anorthosis Famagouste 0-3 et 4-0
FC Thoune – Chikhura Sachkhere 2-0 et 3-1
Hajduk Split – Horizont Turnovo 2-1 et 1-1
Slask Wroclaw – Rudar Pljevlja 4-0 et 2-2
HNK Rijeka – Prestatyn Town 5-0 et 3-0
Milsami Ohrei - Shakhtyor Soligorsk 1-1 et 1-1 (4 tab à 2)
AS Trencin - IFK Göteborg 0-0 et 2-1
Saint Johnstone - Rosenborg 1-0 et 1-1

Breiðablik Kopavogur – Sturm Graz 0-0 et 1-0
Skoda Xanthi – Linfield 0-1 et 2-1 a.p.
Ventspils – Jeunesse d'Esch – 1-0 et 4-1
Malmö FF – Hibernian 2-0 et 7-0
Žalgiris Vilnius – Pyunik Erevan 2-0 et 1-1
Vojvodina Novi Sad – Honved Budapest 2-0 et 3-1
Dynamo Minsk – Lokomotiva Zagreb 2-1 et 3-2
Trabzonspor – Derry City 4-2 et 3-0
Siroki Brijeg - Irtysh Pavlodar 2-3 et 2-0
Aktove - IL Hødd 0-1 et 2-0
Astra Giurgiu – Omonia Nicosie 1-0 et 2-1
Rubin Kazan - Jagodina 3-2 et 1-0
Hapoël Tel-Aviv - Beroe Stara Zagora 4-1 et 2-2
MSK Zilina - Olimpija Ljubljana 1-3 et 2-0
Standard de Liège - KR Reykjavik 3-1 et 3-1
FK Minsk - Valletta FC 1-1 et 2-0
Differdange – FC Utrecht 2-1 et 3-3

3e tour préliminaire :
Rijeka - Zilina 2-1 et 1-1
FC Astra Giurgiu - AS Trencín 3-1 et 2-2
Dila Gori - Hajduk Split 1-0 et 1-0
Rubin Kazan - Randers Freja 2-1 et 2-0
Kukësi - Metalurg Donetsk 2-0 et 0-1
Maccabi Haïfa - Ventspils 0-0 et 3-0
Pandurii TJ Jiu - Hapoel Tel-Aviv 1-1 et 2-1
Zalgiris Vilnius - Lech Poznan 1-0 et 1-2
Kuban Krasnodar - Motherwell 2-0 et 1-0
Saint-Étienne - Milsami Orhei 3-0 et 3-0
Qarabag Aqdam - Gefle 1-0 et 2-0
Estoril - Hapoel Ramat Gan 0-0 et 1-0
Vojvodina Novi Sad - Bursaspor 2-2 et 3-0
Thoune - Häcken 2-1 et 1-0
Tromsoe - Differdange 1-0 et 0-1 (4 tab à 3)
Slovan Liberec - FC Zürich 2-1 et 2-1
Swansea - Malmö FF 4-0 et 0-0
Petrolul Ploiesti - Vitesse Arnhem 1-1 et 2-1
Trabzonspor - Dynamo Minsk 1-0 et 0-0
FK Jablonec - Strømsgodset IF 2-1 et 3-1
VfB Stuttgart - Botev Plovdiv 1-1 et 0-0
Rapid Vienne - Asteras Tripolis 1-0 et 3-1
Slask Wroclaw - Club Bruges 1-0 et 3-3
Chernomorets Odessa - Etoile Rouge Belgrade 3-1 et 0-0
Udinese - Siroki Brijeg 3-1 et 4-0
FC Minsk - Saint Johnstone FC 1-0 et 0-1 (3 tab à 2)
Aktobe Lento – Breidablik UBK 1-0 et 1-1

Barrages :
IF Esfsborg - Nordsjaelland 1-1 et 1-0
Slovan Liberec - Udinese 3-1 et 1-1
Dynamo Kiev - Aktobe 3-2 et 5-1
Maccabi Haifa - FC Astra 2-0 et -1
Saint-Gall - Spartak Moscou 1-1 et 4-2
Rubin Kazan - Molde 2-0 et 3-0
Trabzonspor - Kukësi 2-0 et 3-1
Apollon Limassol - Nice 2-0 et 1-0
RC Genk - FH Hafnarfjördur 2-0 et 5-2
Chernomorets Odessa - KF Skënderbeu 1-0 et 0-1 (7 tab à 6)
Thoune - Partizan Belgrade 0-1 et 3-0
Zulte Waregem - APOEL Nicosie 1-1 et 2-1
FC Sheriff - FK Vojvodina 1-1 et 2-1
Rapid Vienne - Dila Gori 1-0 et 3-0
Francfort - Qarabag 2-0 et 2-1
Standard Liège - FC Minsk 2-0 et 3-1
Estoril - FC Pasching 2-0 et 2-1
Besiktas - Tromsoe 1-2 et 2-0
Swansea - Petrolul Ploiesti 5-1 et 1-2
Salzbourg - Zalgiris Vilnius 5-0 et 0-2
Dnipropetrovsk - Kalju Nomme 3-1 et 2-0
Tottenham - Dinamo Tbilisi 5-0 et 3-0
Kuban Krasnodar - Feyenoord 1-0 et 2-1
Fiorentina - Grasshopper 2-1 et 0-1
Betis Séville - Jablonec 2-1 et 6-0
FC Séville - Slask Wroclaw 4-1 et 5-0
Pandurii Targu Jiu - Sporting Braga 0-1 et 2-0

Phase de groupes
Groupe A :
Valence CF - Swansea City 0-3
Saint-Gall - Kuban Krasnodar 2-0
Swansea City - Saint-Gall 1-0
Kuban Krasnodar - Valence CF 0-2
Valence CF - Saint-Gall 5-1
Swansea City - Kuban Krasnodar 1-1
Kuban Krasnodar - Swansea City 1-1
Saint-Gall - Valence CF 2-3
Kuban Krasnodar - Saint-Gall 4-0
Swansea City - Valence CF 0-1
Valence CF - Kuban Krasnodar 1-1
Saint-Gall - Swansea City 1-0

Classement	Pts	J	G	N	P	bp	bc	dif
1. Valence CF	13	6	4	1	1	12	7	5
2. Swansea City	8	6	2	2	2	6	4	2
3. Kuban Krasnodar	6	6	1	3	2	7	7	0
4. Saint-Gall	6	6	2	0	4	6	13	-7

Groupe B :
Dinamo Zagreb - Chornomorets Odessa 1-2
PSV Eindhoven - Ludogorets Razgrad 0-2
Ludogorets Razgrad - Dinamo Zagreb 3-0
Chornomorets Odessa - PSV Eindhoven 0-2
Chornomorets Odessa - Ludogorets Razgrad 0-1
Dinamo Zagreb - PSV Eindhoven 0-0
Ludogorets Razgrad - Chornomorets Odessa 1-1
PSV Eindhoven - Dinamo Zagreb 2-0
Chornomorets Odessa - Dinamo Zagreb 2-1
Ludogorets Razgrad - PSV Eindhoven 2-0
Dinamo Zagreb - Ludogorets Razgrad 1-2
PSV Eindhoven - Chornomorets Odessa 0-1

Classement	Pts	J	G	N	P	bp	bc	dif
1. Ludogorets Razgrad	16	6	5	1	0	11	2	9
2. Chornomorets Odessa	10	6	3	1	2	6	6	0
3. PSV Eindhoven	7	6	2	1	3	4	5	-1
4. Dinamo Zagreb	1	6	0	1	5	3	11	-8

Groupe C :
Salzbourg - IF Elfsborg 4-0
Standard Liège - Esbjerg fB 1-2
Esbjerg fB - Salzbourg 1-2
IF Elfsborg - Standard Liège 1-1
IF Elfsborg - Esbjerg fB 1-2
Salzbourg - Standard Liège 2-1
Esbjerg fB - IF Elfsborg 1-0
Standard Liège - Salzbourg 1-3
IF Elfsborg - Salzbourg 0-1
Esbjerg fB - Standard Liège 2-1
Salzbourg - Esbjerg fB 3-0
Standard Liège - IF Elfsborg 1-3

Classement	Pts	J	G	N	P	bp	bc	dif
1. Salzbourg	18	6	6	0	0	15	3	12
2. Esbjerg fB	12	6	4	0	2	8	8	0
3. IF Elfsborg	4	6	1	1	4	5	10	-5
4. Standard Liège	1	6	0	1	5	6	13	-7

Groupe D :
Zulte-Waregem - Wigan 0-0
NK Maribor - Rubin Kazan 2-5
Wigan - NK Maribor 3-1
Rubin Kazan - Zulte-Waregem 4-0
Zulte-Waregem - NK Maribor 1-3
Wigan - Rubin Kazan 1-1
Rubin Kazan - Wigan 1-0
NK Maribor - Zulte-Waregem 0-1
Rubin Kazan - NK Maribor 1-1
Wigan - Zulte-Waregem 1-2
Zulte-Waregem - Rubin Kazan 0-2
NK Maribor - Wigan 2-1

Classement	Pts	J	G	N	P	bp	bc	dif
1. Rubin Kazan	14	6	4	2	0	14	4	10
2. NK Maribor	7	6	2	1	3	9	12	-3
3. Zulte-Waregem	7	6	2	1	3	4	10	-6
4. Wigan	5	6	1	2	3	6	7	-1

Groupe E :
Pandurii Târgu-Jiu - Dnipropetrovsk 0-1
Fiorentina - Paços Ferreira 3-0
Dnipropetrovsk - Fiorentina 1-2
Paços Ferreira - Pandurii Târgu-Jiu 1-1
Fiorentina - Pandurii Târgu-Jiu 3-0
Paços Ferreira - Dnipropetrovsk 0-2
Dnipropetrovsk - Paços Ferreira 2-0
Pandurii Târgu-Jiu - Fiorentina 1-2
Dnipropetrovsk - Pandurii Târgu-Jiu 4-1
Paços Ferreira - Fiorentina 0-0
Pandurii Târgu-Jiu - Paços Ferreira 0-0
Fiorentina - Dnipropetrovsk 2-1

Classement	Pts	J	G	N	P	bp	bc	dif
1. Fiorentina	16	6	5	1	0	12	3	9
2. Dnipropetrovsk	12	6	4	0	2	11	5	6
3. Paços Ferreira	3	6	0	3	3	1	8	-7
4. Pandurii Târgu-Jiu	2	6	0	2	4	3	11	-8

Groupe F :
Maccabi Tel-Aviv - APOEL Nicosie 0-0
Francfort - **Bordeaux** 3-0
APOEL Nicosie - Francfort 0-3
Bordeaux - Maccabi Tel-Aviv 1-2
Bordeaux - APOEL Nicosie 2-1
Francfort - Maccabi Tel-Aviv 2-0
APOEL Nicosie - **Bordeaux** 2-1
Maccabi Tel-Aviv - Francfort 4-2
APOEL Nicosie - Maccabi Tel-Aviv 0-0
Bordeaux - Francfort 0-1
Maccabi Tel-Aviv - **Bordeaux** 1-0
Francfort - APOEL Nicosie 2–0

Classement	Pts	J	G	N	P	bp	bc	dif
1. Francfort	15	6	5	0	1	13	4	9
2. Maccabi Tel-Aviv	11	6	3	2	1	7	5	2
3. APOEL Nicosie	5	6	1	2	3	3	8	-5
4. Bordeaux	3	6	1	0	5	4	10	-6

Groupe G :
Dynamo Kiev - RC Genk 0-1
Thoune - Rapid Vienne 1-0
Rapid Vienne - Dynamo Kiev 2-2
RC Genk - Thoune 2-1
Dynamo Kiev - Thoune 3-0
RC Genk - Rapid Vienne 1-1
Rapid Vienne - RC Genk 2-2
Thoune - Dynamo Kiev 0-2
RC Genk - Dynamo Kiev 3-1
Rapid Vienne - Thoune 2-1
Dynamo Kiev - Rapid Vienne 3-1
Thoune - RC Genk 0-1

Classement	Pts	J	G	N	P	bp	bc	dif
1. RC Genk	14	6	4	2	0	10	5	5
2. Dynamo Kiev	10	6	3	1	2	11	7	4
3. Rapid Vienne	6	6	1	3	2	8	10	-2
4. Thoune	3	6	1	0	5	3	10	-7

Groupe H :
Fribourg - Slovan Liberec 2-2
Estoril - FC Séville 1–2
FC Séville - Fribourg 2-0
Slovan Liberec - Estoril 2-1
Slovan Liberec - FC Séville 1-1
Fribourg - Estoril 1-1
FC Séville - Slovan Liberec 1-1
Estoril - Fribourg 0-0
Slovan Liberec - Fribourg 1-2
FC Séville - Estoril 1-1
Fribourg - FC Séville 0-2
Estoril - Slovan Liberec 1-2

Classement	Pts	J	G	N	P	bp	bc	dif
1. FC Séville	12	6	3	3	0	9	4	5
2. Slovan Liberec	9	6	2	3	1	9	8	1
3. Fribourg	6	6	1	3	2	5	8	-3
4. Estoril	3	6	0	3	3	5	8	-3

Groupe I :
Betis Séville - **Lyon** 0-0
Vitoria Guimaraes - Rijeka 4-0
Rijeka - Betis Séville 1-1
Lyon - Vitoria Guimaraes 1-1
Lyon - Rijeka 1-0
Betis Séville - Vitoria Guimaraes 1-0
Rijeka - **Lyon** 1-1
Vitoria Guimaraes - Betis Séville 0-1
Lyon - Betis Séville 1-0
Rijeka - Vitoria Guimaraes 0-0
Betis Séville - Rijeka 0-0
Vitoria Guimaraes - **Lyon** 1-2

Classement	Pts	J	G	N	P	bp	bc	dif
1. Lyon	12	6	3	3	0	6	3	3
2. Betis Séville	9	6	2	3	1	3	2	1
3. Vitoria Guimaraes	5	6	1	2	3	6	5	1
4. Rijeka	4	6	0	4	2	2	7	-5

Groupe J :
Apollon Limassol - Trabzonspor 1-2
Lazio Rome - KP Legia Varsovie 1-0
Trabzonspor - Lazio Rome 3-3
KP Legia Varsovie - Apollon Limassol 0-1
Trabzonspor - KP Legia Varsovie 2-0
Apollon Limassol - Lazio Rome 0-0
KP Legia Varsovie - Trabzonspor 0-2
Lazio Rome - Apollon Limassol 2-1
Trabzonspor - Apollon Limassol 4-2

KP Legia Varsovie - Lazio Rome 0-2
Apollon Limassol - KP Legia Varsovie 0-2
Lazio Rome - Trabzonspor 0-0

Classement	Pts	J	G	N	P	bp	bc	dif
1. Trabzonspor	14	6	4	2	0	13	6	7
2. Lazio Rome	12	6	3	3	0	8	4	4
3. Apollon Limassol	4	6	1	1	4	5	10	-5
4. Legia Varsovie	3	6	1	0	5	2	8	-6

Groupe K:
FC Sheriff - Anzhi Makhatchkala 0-0
Tottenham - Tromsø 3-0
Anzhi Makhatchkala - Tottenham 0-2
Tromsø - FC Sheriff 1-1
Anzhi Makhatchkala - Tromsø 1-0
FC Sheriff - Tottenham 0-2
Tromsø - Anzhi Makhatchkala 0-1
Tottenham - FC Sheriff 2-1
Anzhi Makhatchkala - FC Sheriff 1-1
Tromsø - Tottenham 0-2
FC Sheriff - Tromsø 2-0
Tottenham - Anzhi Makhatchkala 4-1

Classement	Pts	J	G	N	P	bp	bc	dif
1. Tottenham	18	6	6	0	0	15	2	13
2. Anzhi Makhatchkala	8	6	2	2	2	4	7	-3
3. FC Sheriff	6	6	1	3	2	5	6	-1
4. Tromsø	1	6	0	1	5	1	10	-9

Groupe L:
PAOK Salonique - Shakthyor Karagandy 2-1
Maccabi Haïfa - AZ Alkmaar 0-1
Shakthyor Karagandy - Maccabi Haïfa 2-2
AZ Alkmaar - PAOK Salonique 1-1
Shakthyor Karagandy - AZ Alkmaar 1-1
PAOK Salonique - Maccabi Haïfa 3-2
Maccabi Haïfa - PAOK Salonique 0-0
AZ Alkmaar - Shakthyor Karagandy 1-0
Shakthyor Karagandy - PAOK Salonique 0-2
AZ Alkmaar - Maccabi Haïfa 2-0
PAOK Salonique - AZ Alkmaar 2-2
Maccabi Haïfa - Shakthyor Karagandy 2-1

Classement	Pts	J	G	N	P	bp	bc	dif
1. AZ Alkmaar	12	6	3	3	0	8	4	4
2. PAOK Salonique	12	6	3	3	0	10	6	4
3. Maccabi Haïfa	5	6	1	2	3	6	9	-3
4. S. Karagandy	2	6	0	2	4	5	10	-5

Les deux premiers de chaque groupe qualifiés pour les 16es de finale

Seizièmes de finale:
Betis Séville - Rubin Kazan 1-1 et 2-0
FC Bâle - Maccabi Tel-Aviv 0-0 et 3-0
FC Porto – Francfort 2-2 et 3-0
Ludogorets - Lazio Rome 1-0 et 3-3
Naples - Swansea 0-0 et 3-1
Salzbourg - Ajax 3-0 et 3-1
FC Séville – Maribor 2-2 et 2-1
Plzen - Shakhtar Donetsk 1-1 et 2-1
Alkmaar – Liberec 1-1 et 1-0
Benfica - PAOK Salonique 1-0 et 3-0
Fiorentina - Esbjerg 31 et 1-1
Anzhi Makhachkala – Genk 0-0 et 2-0
Lyon - Odessa 0-0 et 1-0
Tottenham - Dnipopetrovsk 0-1 et 3-1
Juventus - Trabzonspor 2-0 et 2-0
Valence - Dynamo Kiev 2-0 et 0-0

Huitièmes de finale:
Alkmaar – Anzhi Makhachkala 1-0 et 0-0
Valence – Ludogorets 3-0 et 1-0
FC Porto – Naples 1-0 et 2-2
Lyon – Plzen 4-1 et 1-2
FC Séville – Betis Séville 0-2 et 2-0 a.p. (4 tab à 3)
Benfica – Tottenham 3-1 et 2-2
FC Bâle – Salzbourg 0-0 et 2-1
Juventus – Fiorentina 1-1 et 1-0

Quarts de finale:
Benfica - AZ Alkmaar 1-0 et 2-0
Juventus Turin - **Lyon** 1-0 et 2-1
FC Séville - FC Porto 0-1 et 4-1
Valence - FC Bâle 0-3 et 5-0 a.p.

Demi-finales:
FC Séville – Valence 2-0 et 1-3
Benfica – Juventus Turin 2-1 et 0-0

Finale:
Le 14 mai, à Turin
FC Séville bat Benfica 0-0 a.p. (4 tirs au but à 2)
33 120 spectateurs
Arbitre: F. Brych (GER)
Tirs au but réussis: Bacca, Mbia, Coke, Gameiro pour Séville, Lima, Luisao pour Benfica
Tirs au but manqués: Cardozo, Rodrigo pour Benfica
Les équipes:
Séville: Beto - Coke, Nicolas Pareja, Fazio, Alberto Moreno – Reyes puis Marin (78) puis Gameiro (104), Mbia, Rakitic (cap), Carriço, Vitolo puis Figueiras (110) - Bacca
Benfica: Oblak - Maxi Pereira, Luisao (cap), Garay, Siqueira puis Cardozo (99) - Sulejmani puis André Almeida (25), Ruben Amorim, André Gomes, Gaitan puis Ivan Cavaleiro (119) - Lima, Rodrigo

LA SAISON DE L'EQUIPE DE FRANCE

> Le 14 août, à Bruxelles
Belgique et France 0 - 0
50 000 spectateurs
Arbitre: C. Thomson (SCO)
Les équipes:
Belgique: Courtois - Alderweireld, Kompany (cap.), Van Buyten puis Lombaerts (77), Pocognoli puis Van Damme (80) - Witsel - De Bruyne, Fellaini, Chadli puis Mirallas (72), Hazard puis Mertens (74) - Lukaku puis Benteke (60)
France: Lloris (cap.) - Sagna, Koscielny, Abidal, Clichy - Guilavogui, Kondogbia puis Capoue (63) - Payet puis Nasri (63), Valbuena puis Grenier (74), Ribéry - Benzema puis Giroud (74)

> Le 6 septembre, à Tbilissi (qualif. Mondial-2014)
Géorgie et France 0-0
25 000 spectateurs
Arbitre: F. Aydinus (TUR)
Les équipes:
Géorgie: Loria - Lobjanidze, Grigalava, Kashia, Amisulashvili - Khubutia, Kankava (cap), Kobakhidze puis Grigalashvili (60), Gelashvili puis Dvalishvili (78), Ananidze puis Targamadze (69) - Okriashvili.
France: Lloris (cap) - Sagna, Koscielny, Abidal, Evra - Valbuena, Sissoko, Guilavogui puis Nasri (78), Ribéry - Benzema puis Gignac (62), Giroud

> Le 10 septembre, à Gomel (qualif. Mondial-2014)
France bat Belarus 4-2 (0-1)
14 000 spectateurs
Arbitre: D. Orsato (ITA)
Buts: Filipenko (32), Kalatchev (57) pour le Belarus, Ribéry (47 s.p., 64), Nasri (70), Pogba (73) pour la France
Les équipes:
Belarus: Veremko (cap) - Filipenko, Martinovitch, Verkhovtsov puis Rodionov (77), Bordatchev - Kalatchev, Tigorev puis Bressan (83), Hleb, Dragun puis Olekhnovitch (71), Poutilo – Balanovich
France: Lloris (cap) - Sagna, Koscielny, Abidal, Clichy - Payet puis Nasri (61), Pogba, Valbuena puis Guilavogui (90+3), Matuidi, Ribéry - Giroud

> Le 11 octobre, au Parc des Princes
France bat Australie 6-0 (4-0)
30 000 spectateurs environ
Arbitre: M. Dias (POR)
Buts: Ribéry (8 sp.), Giroud (15, 25), Cabaye (29), Debuchy (47), Benzema (51)
Les équipes:
France: Lloris (cap.) - Debuchy, Varane, Abidal puis Sakho (46), Evra puis Clichy (63) - Pogba puis Matuidi (63), Cabaye puis Sissoko (83) - Rémy, Nasri, Ribéry puis Valbuena (63) - Giroud puis Benzema (46)
Australie: Langerak - Neill (cap), Carney puis Davidson (46), Wilkshire puis Leckie (69), Williams - Jedinak, Holland, McKay, Bresciano - T. Cahill puis Kennedy (80), Kruse puis Rukavytsya (46)

> Le 15 octobre, au Stade de France (qualif. Mondial-2014)
France bat Finlande 3-0 (1-0)
70 156 spectateurs
Arbitre: M. Koukoulakis (GRE)
Buts: Ribéry (8), Toivio (76 c.s.c.), Benzema (87)
Les équipes:
France: Lloris (cap) - Debuchy, Koscielny, Abidal, Evra - Nasri puis Rémy (71), Pogba, Valbuena, Matuidi puis Cabaye (70), Ribéry - Giroud puis Benzema (81)
Finlande: Maenpaa - Arkivuo, Pasanen, Halsti, Lampi - Ring, Eremenko, Tainio (cap) puis Toivio (64) - Hetemaj, Pukki puis Furuholm (86), Hämäläinen puis Riski (79)

> Le 15 novembre, à Kiev (barrage qualif. Mondial 2014)
Ukraine bat France 2-0 (0-0)
67 732 spectateurs
Arbitre: C.Çakir (TUR)
Buts: Zozulya (61), Yarmolenko (82 s.p.)
Exclusions: Kucher (90+5, 2e avertissement) pour l'Ukraine, Koscielny (90+1) pour la France
Les équipes:
Ukraine: Pyatov - Fedetskiy, Khacheridi, Kucher, Shevchuk - Yarmolenko, Rotan (cap), Edmar puis Bezus (76), Stepanenko, Konoplyanka puis Gusev (90+2) - Zozulya puis Seleznyov (86)
France: Lloris (cap) - Debuchy, Koscielny, Abidal, Evra - Rémy puis M. Sissoko (62), Pogba, Nasri puis Valbuena (80), Matuidi, Ribéry - Giroud puis Benzema (70)

> Le 19 novembre, au Stade de France (barrage qualif. Mondial-2014)
France bat Ukraine 3-0 (2-0)
77 000 spectateurs
Arbitre: D.Skomina (SLO)
Buts: Sakho (22), Benzema (34), Gusev (72 c.s.c.)
Exclusion: Khacheridi (47, 2e avertissement) pour l'Ukraine
Les équipes:
France: Lloris (cap) - Debuchy puis Sagna (78), Varane, Sakho, Evra - Pogba, Cabaye, Matuidi - Valbuena, Benzema puis Giroud (82), Ribéry
Ukraine: Pyatov - Mandzyuk, Khacheridi, Rakitskiy, Shevchuk - Yarmolenko, Rotan (cap), Edmar, Bezus puis Gusev (64), Konoplyanka - Zozulya puis Seleznyov (76)

> Le 5 mars, au Stade de France
France bat Pays-Bas 2 à 0 (2-0)
80 000 spectateurs
Arbitre: Martin Atkinson
Buts: Benzema (32), Matuidi (41)
Les équipes:
France: Lloris (cap) - Debuchy puis Sagna (87), Varane, Mangala, Evra puis Digne (46) - Matuidi, Pogba puis Moussa Sissoko (81), Cabaye - Valbuena puis Ribery (62), Benzema puis Giroud (81), Griezmann puis Rémy (68)
Pays-Bas: Cillessen - Van der Wiel, Martins Indi, Vlaar, Blind puis Rekik (51) - Strootman puis Schaars (39), Clasie, Sneijder puis Klaassen (72) - Promes, Van Persie, Boetius puis Depay (72)

> Le 27 mai, au Stade de France
France bat Norvège 4-0 (1-0)
75 000 spectateurs
Arbitre: M. Sutton (IRL)
Buts: Pogba (15), Giroud (51, 69), Rémy (67)
Les équipes:
France: Ruffier - Debuchy, Koscielny, Sakho (cap), Evra puis Digne (46) - Cabaye puis Cabella (79), Pogba , Matuidi puis Mavuba (74) - Valbuena puis Grenier (70), Giroud, Griezmann puis Rémy (64)
Norvège: Nyland - Linnes puis Ringstad (90), Nordtveit, Hangeland (cap), Hogli - Johansen, Tettey puis Konradsen (72), Jenssen puis Bratten (51), Daehli puis Samuelsen (76) - Elyounoussi puis Berisha (72), King puis Nielsen (63)

> Le 1er juin, à Nice
France et Paraguay 1-1 (0-0)
35 200 spectateurs
Arbitre: C. Gómez (ESP)
Buts: Griezmann (82) pour la France, V. Caceres (89) pour le Paragay
Les équipes:
France: Lloris (cap) - Sagna, Koscielny, Sakho puis Mangala (46), Evra - Pogba, Cabaye puis Mavuba (46), Matuidi puis Grenier (64) - Rémy puis Griezmann (64), Giroud, Valbuena
Paraguay: Silva - Coronel puis Nunez (70), Cardozo puis Orue (75), Ortiz, Alonso, Miguel Angel Ramon Samudio - V. Caceres, Mendieta puis Rojas (43), Oviedo puis Torales (90) - Santa Cruz (cap) puis Benitez (65), Romero puis Gonzalez (77)

> Le 8 juin, à Villeneuve-d'Ascq
France bat Jamaïque 8-0 (3-0)
49 626 spectateurs
Arbitre: F. Zwayer (GER)
Buts: Cabaye (17), Matuidi (20, 66), Benzema (37, 63), Giroud (53), Griezmann (77, 89)
Les équipes:
France: Lloris (cap) - Debuchy puis Sagna (46), Varane, Sakho, Evra - Sissoko, Cabaye puis Mavuba (59), Matuidi puis Pogba (72) - Valbuena puis Rémy (80), Giroud puis Griezmann (71), Benzema puis Schneiderlin (87)
Jamaïque: Barrett - Doyley, Morgan, Mariappa, Lawrence puis Gray (46) - Grant, Austin (cap), Beckett puis Campbell (46) - Humphrey puis Sherrif (64), Seaton puis Williams (72), Dawkins puis Edwards (85)

COUPE DU MONDE

Premier tour

Groupe A:
Brésil – Croatie 3-1
Mexique – Cameroun 1-0
Brésil – Mexique 0-0
Croatie – Cameroun 4-0
Mexique – Croatie 3-1
Brésil – Cameroun 4-1

Classement	Pts	J	G	N	P	bp	bc	Diff
1. Brésil	7	3	2	1	0	7	2	5
2. Mexique	7	3	2	1	0	4	7	3
3. Croatie	3	3	1	0	2	6	6	0
4. Cameroun	0	3	0	0	3	1	9	-8

Brésil et Mexique qualifiés pour les 8es de finale

Groupe B:
Pays-Bas – Espagne 5-1
Chili – Australie 3-1
Pays-Bas – Australie 3-2
Chili – Espagne 2-0
Pays-Bas – Chili 2-0
Espagne – Australie 3-0

Classement	Pts	J	G	N	P	bp	bc	Diff
1. Pays-Bas	9	3	3	0	0	10	3	7
2. Chili	6	3	2	0	1	5	3	2
3. Espagne	3	3	1	0	2	4	7	-3
4. Australie	0	3	0	0	3	3	9	-6

Pays-Bas et Chili qualifiés pour les 8es de finale

Groupe C:
Colombie – Grèce 3-0
Côte d'Ivoire – Japon 2-1
Colombie – Côte d'Ivoire 2-1
Japon – Grèce 0-0
Colombie – Japon 4-1
Grèce – Côte d'Ivoire 2-1

Classement	Pts	J	G	N	P	bp	bc	Diff
1. Colombie	9	3	3	0	0	9	2	7
2. Grèce	4	3	1	1	1	2	4	-2
3. Côte d'Ivoire	3	3	1	0	2	4	5	-
4. Japon	1	3	0	1	2	2	6	-4

Colombie et Grèce qualifiées pour les 8es de finale

Groupe D:
Costa Rica – Uruguay 3-1
Italie – Angleterre 2-1
Uruguay – Angleterre 2-1
Costa Rica – Italie 2-1
Costa Rica – Angleterre 0-0
Uruguay – Italie 1-0

Classement	Pts	J	G	N	P	bp	bc	Diff
1. Costa Rica	7	3	2	1	0	4	1	3
2. Uruguay	6	3	2	0	1	4	4	0
3. Italie	3	3	1	0	2	2	3	-1
4. Angleterre	1	3	0	1	2	2	4	-2

Costa Rica et Uruguay qualifiés pour les 8es de finale

Groupe E:
Suisse – Équateur 2-1
France – Honduras 3-0
France – Suisse 5-2
Équateur – Honduras 2-1
Suisse – Honduras 3-0
Équateur – France 0-0

Classement	Pts	J	G	N	P	bp	bc	Diff
1. France	7	3	2	1	0	8	2	6
2. Suisse	6	3	2	0	1	7	6	1
3. Équateur	4	3	1	1	1	3	3	0
4. Honduras	0	3	0	0	3	1	8	-7

France et Suisse qualifiées pour les 8es de finale

> Le 15 juin, à Porto Alegre

France bat Honduras 3-0 (1-0)
43012 spectateurs
Arbitre: S. Ricci (BRA)
Buts: France: Benzema (45 s.p. 72), Valladares (48 c.s.c.)
Exclusion: W. Palacios (43, 2e avertissement) pour le Honduras
Les équipes:
France: Lloris (cap) - Debuchy, Varane, Sakho, Evra - Pogba, Cabaye puis Mavuba (65), Matuidi - Valbuena puis Giroud (78), Benzema, Griezmann
Honduras: Valladares (cap) - Beckeles, Bernardez puis Chavez (46), Figueroa, Izaguirre - Najar puis Claros (58), Garrido, W. Palacios, Espinoza - Costly, Bengtson puis Oscar Garcia (46)

> Le 20 juin, à Salvador de Bahia

France bat Suisse 5-2 (3-0)
51003 spectateurs
Arbitre: B. Kuipers (NED)
Buts: Giroud (17), Matuidi (18), Valbuena (40), Benzema (67), Sissoko (73) pour la France, Dzemaili (81), Xhaka (87) pour la Suisse
Les équipes:
France: Lloris (cap) - Debuchy, Varane, Sakho puis Koscielny (66), Evra - Cabaye, Matuidi, Sissoko - Valbuena puis Griezmann (82), Benzema, Giroud puis Pogba (63)
Suisse: Benaglio - Lichtsteiner, Djourou, von Bergen puis Senderos (9), Rodriguez - Shaqiri, Behrami puis Dzemaili (46), Xhaka, Inler (cap), Mehmedi - Seferovic puis Drmic (69)

> Le 25 juin, à Rio de Janeiro

Équateur et France 0-0
73749 spectateurs
Arbitre: D. Doué Noumandiez (CIV)
Exclusion: A. Valencia (50) pour l'Équateur
Les équipes:
Équateur: Dominguez - Paredes, Guagua, Erazo, W. Ayovi - Noboa puis F. Caicedo (90), Minda - A. Valencia (cap), Arroyo puis Achilier (81), Montero puis Ibarra (63) - E. Valencia
France: Lloris (cap) - Sagna, Koscielny, Sakho puis Varane (61), Digne - Pogba, Schneiderlin, Matuidi puis Giroud (67) - Sissoko, Benzema, Griezmann puis Rémy (79)

Groupe F:
Argentine – Bosnie 2-1
Iran – Nigeria 0-0
Argentine – Iran 1-0
Nigeria – Bosnie 1-0
Bosnie – Iran 3-1
Argentine – Nigeria 3-2

Classement	Pts	J	G	N	P	bp	bc	Diff
1. Argentine	9	3	9	0	0	6	3	3
2. Nigeria	4	3	1	1	1	3	3	0
3. Bosnie	3	3	1	0	2	4	4	0
4. Iran	1	3	0	1	2	1	4	-3

Argentine et Nigeria qualifiés pour les 8es de finale

Groupe G:
Allemagne – Portugal 4-0
États-Unis – Ghana 2-1
Allemagne – Ghana 2-2
États-Unis – Portugal 2-2
Allemagne – États-Unis 1-0
Portugal – Ghana 2-1

Classement	Pts	J	G	N	P	bp	bc	Diff
1. Allemagne	7	3	2	1	0	7	2	5
2. États-Unis	4	3	1	1	1	4	4	0
3. Portugal	4	3	1	1	1	4	7	-3
4. Ghana	1	3	0	1	0	4	6	-2

Allemagne et États-Unis qualifiés pour les 8es de finale

Groupe H:
Belgique – Algérie 2-1
Russie – Corée du Sud 1-1
Belgique – Russie 1-0
Algérie – Corée du Sud 4-2
Belgique – Corée du Sud 1-0
Algérie – Russie 1-1

Classement	Pts	J	G	N	P	bp	bc	Diff
1. Belgique	9	3	3	0	0	4	1	3
2. Algérie	4	3	1	1	1	6	5	1
3. Russie	2	3	0	2	1	2	3	-1
4. Corée du Sud	1	3	0	1	2	3	6	-3

Belgique et Algérie qualifiées pour les 8es de finale

Huitièmes de finale:
Brésil – Chili 1-1 a.p. (3 tab à 2)
Colombie – Uruguay 2-0
Pays-Bas – Mexique 2-1
Costa Rica – Grèce 1-1 a.p. (5 tab à 3)
France – Nigeria 2-0
Allemagne – Algérie 2-1 a.p.
Argentine – Suisse 1-0 a.p.
Belgique – États-Unis 2-1 a.p.

> Le 30 juin, à Brasilia

France bat Nigeria 2-0 (0-0)
67882 spectateurs
Arbitre: M. Geiger (USA)
Buts: France: Pogba (79), Yobo (90+1 csc.)
Les équipes:
France: Lloris (cap) - Debuchy, Varane, Koscielny, Evra - Pogba, Cabaye, Matuidi - Valbuena, Giroud puis Griezmann (62), Benzema
Nigeria: Enyeama - Ambrose, Yobo (cap), Omeruo, Oshaniwa - Odemwingie, Onazi puis Gabriel (59), Musa, Mikel, Moses puis Nwofor (89) - Emenike

Quarts de finale:
Brésil – Colombie 2-1
Allemagne – France 1-0
Argentine – Belgique 1-0
Pays-Bas – Costa Rica 0-0 a.p. (4 tab à 3)

> Le 4 juillet, à Rio de Janeiro

Allemagne bat France 1-0 (1-0)
74240 spectateurs
Arbitre: N. Pittana (ARG)
But: Hummels (13)
Les équipes:
Allemagne: Neuer - Lahm (cap), Boateng, Hummels, Höwedes - Schweinsteiger, Khedira - Özil puis Götze (83), Kroos puis Kramer (90+2), Müller - Klose puis Schürrle (69)
France: Lloris (cap) - Debuchy, Varane, Sakho puis Koscielny (71), Evra - Pogba, Cabaye puis Rémy (73), Matuidi - Valbuena puis Giroud (85), Benzema, Griezmann

Demi-finales:
Allemagne – Brésil 7-1
Argentine – Pays-Bas 0-0 a.p. (4 tab à 2)

Match pour la 3e place:
Pays-Bas – Brésil 3-0

Finale:
Le 13 juillet, à Rio de Janeiro
Allemagne bat Argentine 1-0 a.p. (0-0)
74738 spectateurs
Arbitre: N. Rizzoli (Ita)
But: Götze (113)
Les équipes:
Allemagne: Neuer – Lahm (cap), Boateng, Hummels, Höwedes – Kramer puis Schürrle (32), Schweinsteiger – Müller, Kroos, Özil puis Mertesacker (120) – Klose puis Götze (88)
Argentine: Romero – Zabaleta, Demichelis, Garay, Rojo – Mascherano, Biglia, Pérez puis Gago (86) – Higuain puis Palacio (78), Messi (cap), Lavezzi puis Agüero (46)